KB275125

나를 사랑하기 힘든 날,
철학책을 읽다

나를 사랑하기 힘든 날
철학책을 읽다
이금주 지음
연암서

불안을 달래기 위해 읽고 씁니다

어린 시절, 스무 살이 되면 어른이 될 줄 알았습니다. 그런데 막상 스무 살이 되어 보니 아니더라고요. 넉넉한 마음과 유연한 사고로 어른답게 살게 될 줄 알았는데 전혀 그렇지 않았어요. 불안과 두려움에 젊음의 시간을 마음껏 느끼지 못한 채 서른이 되었습니다.

서른이 되면 이제 진짜 어른이 될 수 있을 거라 생각했습니다. 하지만 30대의 저는 낯선 곳에 떨어진 이방인 같았어요. 결혼과 육아로 마주한 낯선 상황들은 행복했지만 두려웠거든요. 버티기 힘들어 좌절하고 무너질 때가 많았습니다. 하지만 곁에 아이들이 있다 보니 마음껏 불안을 표현하기 어려웠어요. 직장에서도 쉽지 않았죠. 차분히 쌓이는 경력만큼 업무의 양도 많아졌고 권태로움도 함께 자랐어요. 육아로 단절된 느낌마저 들며 조직에서 겉도는 것 같아 외롭기도 했고요.

밝은 표정으로 어른답게 지내려고 노력했지만 불안하고 우울했습니다. 하지만 제 불안과 우울을 들키고 싶지 않았어요. 특히 곁에 있는 아이들에게만큼은 절대 들키고 싶지 않았죠. 불안을 숨기고 우울을 달래고자 그때부터 책을 읽기 시작했습니다. 닥치는 대로 책을 읽었어요. 불안한 마음에 뭐라도 해야 할 것 같았거든요.

책을 읽으면 시간이 잘 갔어요. 그리고 아이들에게 책 읽는 엄마의 모습을 보여 주는 것만으로도 뿌듯했고요. 가끔은 책 속에서 인생의 답을 찾을 때도 있었어요. 불안을 달래고자 읽기 시작한 책이 재밌어졌고 조금씩 어른이 되어 가는 기분까지 드니 읽지 않을 이유가 없더라고요. 그러다 문득 글을 쓰고 싶다는 생각을 했어요. 쉬운 일이 아님을 알지만, 더 늦기 전에 도전해 보고 싶었어요. 용기 내서 한 편, 두 편 글을 쓰기 시작했고 이제는 글을 끄적이며 하루를 마무리하는 것이 일상이 되었습니다.

여느 날처럼 책을 뒤적이고 글을 끄적였어요. 철학 관련 서적을 주로 읽던 시기였는데, 어렵다고 생각했던 철학책이 이상하게도 재밌더라고요. 그리고 인간이 느끼는 복잡한 감정을 단호하고 묵직하게 위로하는 철학자의 문장에 큰 매력을 느꼈습니다. 수십 년, 아니 수백 년 전에도 인간이 마주하는 삶의 고민이 지금과 비슷하다는 것도 흥미로웠어요.

그날부터 마음의 위안을 얻고자 좀 더 많은 철학자의 문장을 들여다보기 시작했습니다. 그리고 불안을 달래고자 철학자의 문장을 필사했어요. 그렇게 필사한 철학자의 문장과 그 밑에 끄적인 몇 줄의 일기가 이 책의 시작이었습니다.

이 책은 네 가지 주제를 다룹니다.

1장 '나를 사랑하기 힘든 날, 철학책을 읽다'에서는 일상에서 마주하지만 인정하기 힘든 자신의 부정적 감정을 위로하는 철학자의 문장과 이야기를 전합니다.

2장 '타인이 지옥으로 느껴지는 날, 철학책을 읽다'에는 가족, 직장, 이웃 등과 지내며 인간관계 때문에 지쳤던 이야기와 위로를 건네는 철학자의 문장이 담겨 있습니다.

3장 '세상이 삐딱하게 보이는 날, 철학책을 읽다'에서는 공동체의 구성원으로서 우리 사회와 마주했던 이야기와 사회 문제에 관심을 보인 철학자의 문장을 소개합니다.

4장 '마음이 무너져 슬픈 날, 철학책을 읽다'에서는 노화, 이별, 죽음, 절망과 마주하며 느낀 불편한 마음을 달래 준 철학자의 문장과 이야기를 살펴봅니다.

책 속에는 저의 일상 속 고민과 이를 위로한 철학자의 문장이 등장합니다. 철학자가 전한 문장에는 생각하는 사람에 따라 다양한 해석이 존재합니다. 저의 해석이 절대적인 정답이 아니라 수많은 해석 중 하나임을 알아주셨으면 좋겠습니다.

원고를 수차례 다듬으며 탈고하기까지의 과정은 쉽지 않았습니다. 하지만 탈고를 눈앞에 둔 지금은 '이 일이 끝나면 다음엔 어떤 주제로 글을 지어 볼까'라는 생각에 아쉽기도 하고 설레기도 합니다. 읽고 쓰기라는 이토록 매력 넘치는 일을 계속할 수 있도록 곁에서 응원해 준 가족에게 감사의 마음을 전합니다. 비루한 글에도 늘 칭찬의 마음을 가득 담아 세심하게 조언해 준 연암사에도 감사 인사 드립니다. 덕분에 책을 마무리할 수 있었습니다. 칭찬은 늘 저를 춤추게 했거든요.

불안과 우울이 삶에 숨어들 때마다, 여러분에게도 철학이
함께하면 좋겠습니다. 철학이 건넨 묵직한 위로가 지친 삶에
양분이 되길 수줍게 기원합니다.

이금주

 # 차례

세상이 삐딱하게 보이는 날, 철학책을 읽다

일러두기

1. 철학자들의 이름 표기는 외래어 표기법을 따랐습니다. 각주의 철학책 저자 이름은 책을 찾아보기 편리하도록 해당 책의 표기법대로 적었습니다.

2. 철학책의 제목은 각 꼭지의 제목과 본문에서는 널리 알려진 제목으로 적되, 찾아보기 편하도록 각주에서는 저자가 선택한 판본의 제목으로 적었습니다.

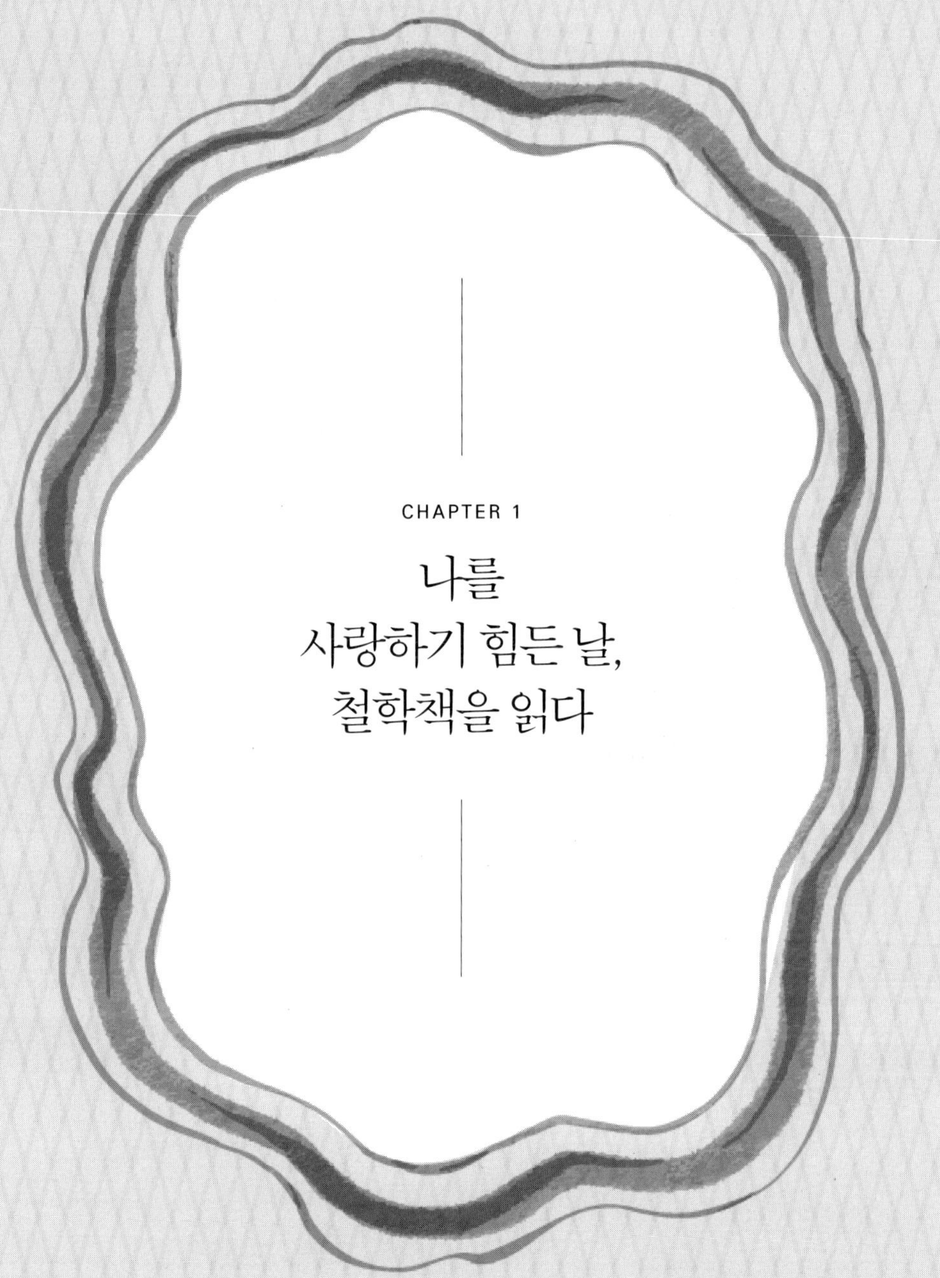

나를
사랑하기 힘든 날,
철학책을 읽다

오늘도 분노와 마주한다면

세네카 『화에 대하여』

───────

항상 그렇다. 갈등의 불씨는 절대로 크지 않다.

지극히 사소한 일은 상상조차 할 수 없는 커다란 분노가 된다. 치약을 중간부터 짜서 쓴 이유를 묻는 작은 언쟁이 이혼을 언급하는 큰 싸움의 불씨가 되고, 눈에 거슬리는 책상 위 과자봉지는 의도치 않은 잔소리로 이어져 아이와의 감정의 골을 깊게 한다. 사소한 일이 걷잡을 수 없는 갈등으로 번져 분노를 불러올 때면 시간을 며칠 전, 아니 몇 시간 전으로 돌리고 싶다.

조금 속상해도 내가 참고, 조금 수고스럽더라도 내가 했더라면 사랑하는 사람에게 상처 주지 않았을 텐데, 후회가 밀려온다. 그리고 후회는 곧장 자괴감으로 이어진다. 갈등의 순간 어떻게든 상대를 이겨 보려 온갖 에너지를 쏟는 내 모습이 구차해 보인다. 늘 그렇듯 분노를 겪고 나면 몸과 마음이 너덜너덜해지는 것 같다. 잠깐의 분노도 삶에 미치는 위력은 상당하다.

폭풍의 시간이 지나고 분노가 잦아들 무렵, '지는 것이 이기는 것'이라는 진리도 생각난다. 그리고 다시는 이와 같은 과정을 반복하지 않겠다고 다짐한다. 하지만 갈등이 닥치면 분노가 머릿속 전체를 삼켜, 말과 행동을 제어할 힘이 생기지 않는다. 거친 말과 험한 행동이 망설임 없이 등장하고 나의 밑바닥도 보게 된다. 이럴 때마다 마음이 불편하다.

내 삶에 분노는 비교적 자주 등장한다. 잠시 머물다 가면 좋으련만 잔잔한 일상을 헤집고 나서야 떠날 생각을 한다. 일상의 무료함을 염려하듯 예고 없이 들이닥쳐 오늘도 나를 괴롭게 한다. 인생 최대의 적인 분노를 제대로 마주해 보고 싶은 마음에 세네카(Lucius Annaeus Seneca, 기원전 4년경~기원후 65년)의 『화에 대하여(De Ira)』를 읽게 되었다.

분노의 기운이 슬며시 올라올 때 펼쳐 보면 도움이 될 문장을 소개한다.

가장 좋은 방법은 화가 나려 할 때 최초의 싹을 억누르고 그 최초의 충동에 굴복하지 않도록 싸우는 것이다. 일단 화가 우리를 항로 밖으로 끌고 가면 안전한 곳으로 되돌아오기가 어려워진다. 화가 마음에 들어와 우리가 그것에 주권을 내어 주게 되면 이성은 한 치도 설 자리가 없어지게 된다. 그다음부터 화는 네가 허락하든 말든 상관없이 자신이 원하는 대로 행동할 것이다.[1]

세네카는 로마 제국 시대 정치인이자 철학자이다. 또한 로마 황제 네로의 스승으로 알려져 있다. 그는 어린 시절부터 스토아학파[2] 철학자들에게 철학을 배웠고, 많은 영향을 받았다. 아버지의 권유에 따라 정치에 진출하고자 교육을 받기도 했다. 20대에 결핵으로 의심되는 병에 걸려 건강이 좋지 않았지만, 어렵게 노력한 결과 34세의 나이에 정치에 입문했다. 하지만 음모에 연루되어 8년 동안 유배 생활을 하는 등 힘겨운 삶을 살았다. 그는 글을 쓰며 유배 생활을 버텼는데, 그때 집필한 것 중 하나가 『화에 대하여』다.

---

1. 루키우스 안나이우스 세네카, 『화에 대하여』, 김경숙 옮김, 사이, 2013, p. 45.

2. 기원전 3세기 초에 시작되어 로마 제국 시대까지 성행한 그리스 철학의 한 학파. 일상에서 지혜, 용기, 절제, 정의의 네 가지 미덕을 실천하고 자연에 순응하는 삶을 이상적인 삶으로 생각했다.

『화에 대하여』는 제목을 보는 순간 읽고 싶다는 생각이 들었던 책이다. 평소 스토아학파 철학자의 글을 좋아하는 편이라 읽는 내내 밑줄을 그었다. 그만큼 문장을 수집하는 즐거움이 컸던 책이다. 스토아학파 철학자들의 글은 대체적으로 잠언이나 자기계발서의 느낌을 풍긴다. 살면서 한 번쯤 고민해 봤을 법한 인생 이야기, 인간관계에 대한 처세법 등을 이해하기 쉬운 용어로 전달하는 것이 스토아 철학의 매력이다.

당신도 분노를 참기 힘든가요?

분노에 사로잡힌 내 모습을 마주할 때면 몹시 괴롭다. 분노가 정점을 찍을 땐, 눈에 보이는 것이 아무것도 없다. 오로지 내 분노만 보일 뿐이다. 그렇다 보니 내가 얼마나 최악인지 확인하기 어렵다. 분노가 조금 가라앉을 즈음 괴물 같은 내 모습이 보이기 시작한다. 그때야 비로소 이성은 내게 말을 건다. '와, 너 이 정도밖에 안 되는 인간이었구나. 이렇게 바닥을 칠 줄 몰랐는데.'라며.

정신 차리고 마주한 내 모습에 마음이 편치 않다. 나이가 채워지면 자연스레 분노 조절도 잘될 줄 알았는데, 분노와 나이의 상관성은 전혀 없어 보인다. 나잇값 하지 못하는 모습이 부끄럽고, 막말을 일삼는 내가 추하게 느껴질 뿐이다. 이토록 불편한 분노가 요즘 부쩍 자주 찾아온다. 사소한 일에도 분노가 치밀고, 욱하는 마음에 세상 모든 게 못마땅하다. 혹시 나도 분노조절장애인 걸까?

나를 비롯한 세상 사람들 모두 하루에 몇 번씩 분노의 불씨를 마주한다. 분노의 불씨를 허락하지 않은 누군가는 분노를 쉽게 잠재운다. 그러나 분노의 불씨를 허락한 누군가는 엄청난 위력의 분노를 감당해야 한다. 아무리 작은 불씨일지라도 분노의 기운이 마음에 자리 잡는 순간 내 의지와 무관하게 돌발 상황이 연출된다. 의도하지 않았던 말과 행동이 불쑥 튀어나와 상황을 어렵게 만든다.

무심코 뱉은 말과 행동은 또 다른 분노의 씨앗이 되고, 그 분노는 생각지도 않았던 또 다른 큰 분노를 불러온다. 한번 시작된 분노는 커질 대로 커져, 인생을 송두리째 망가트린다. 아무리 작은 분노의 불씨일지라도 허락하는 순간 우리가 감당할 몫은 커진다. 그러니 세네카의 말처럼 처음부터 분노의 싹을 억누르고 분노가 자리 잡지 않도록 하는 것이 현명한 삶의 자세다.

분노의 가장 큰 피해자는 자기 자신이다. 수시로 화내고 작은 분노조차 참지 못하는 사람 주변에는 아무도 남지 않는다. 분노로 인한 외로움과 괴로움을 감내하고 살아야 한다. 자신을 사랑하고 싶다면, 그리고 주변 사람에게 좋은 사람으로 기억되고 싶다면 세네카의 말처럼 분노에게 작은 자리조차 허락하지 말자.

분노와 자주 마주하던 나는 세네카의 문장을 읽고, '그럴 수도 있지.'라고 생각하며 마음속 분노의 불씨를 재빨리 꺼 버린다. '바쁘면 치약도 중간부터 짜서 쓸 수 있지.' '공부하다 힘들면 며칠 동안 과자봉지 안 치울 수도 있지.' 이렇게 생각하다 보니 일상에서 지극히 사소한 일에 감정 소비를 많이 했다는 생각이 들었다. 그리고 '그럴 수도 있지.'라는 생각 하나만으로도 세상이 다르게 보인다는 것도 깨달았다. 세상에는 완벽하고 무결한 사람도, 빈틈없는 완전한 상황도 존재하지 않는다. 그러니 분노가 불현듯 삶에 화(火)의 불씨를 지피려 한다면, 조금 넓은 마음으로 세상을 바라보는 건 어떨까. '그럴 수도 있지.'라는 넉넉한 마음으로.

좋은 엄마가 될 수 있을까

에리히 프롬 『사랑의 기술』

일흔여덟 엄마는 마흔다섯 딸을 볼 때마다 이것저것 바리바리 싸 준다.

김치, 멸치볶음, 얼린 국과 찌개들, 그리고 입소문에 혹해 목욕탕에서 구매한 때수건까지. 다양한 것들을 봉지에 꼭꼭 싸매어 양손 가득 안겨 준다. 몇 날 며칠 준비했을 엄마의 보따리를 볼 때면 엄마라는 존재가 베푸는 사랑에 대해 생각하게 된다.

집에 돌아와 엄마가 건넨 보따리를 찬찬히 풀며, 여러 생각에 잠긴다. 엄마가 건넨 반찬을 냉장고에 차곡차곡 넣고 당분간 식사 메뉴를 고민하지 않아도 된다는 생각에 미소 짓는다. 그리고 한편으론 '엄마의 보따리를 앞으로 몇 번 더 받아 볼 수 있을까, 혹시 이번이 마지막이 되진 않을까.'라는 생각에 마음이 무거워진다.

엄마는 원래부터 엄마였을 것 같은데, 내 이름 앞에 붙는 '엄마'라는 단어는 엄마가 된 지 꽤 오랜 세월이 지났음에도 낯설고 생경스럽다. 순간순간 아이들로 인해 삶의 불편함과 불안함이 몰려올 때가 있다. 그럴 때마다 아이들에게 온갖 화를 쏟아 내며 나는 어쩌자고 두 아이의 엄마가 되었을까 한탄한다. 다음 생에는 기필코 혼자 살겠다는 각오도 함께 다진다. 이런 내 모습과 마주할 때면 과연 내게 모성애라는 게 있을까 의심스럽다. 엄마라면, 그리고 자식이라면 한 번쯤 느껴 보는 사랑의 감정. 모·성·애(母·性·愛).

사랑이라는 단어는 언제 들어도 유쾌하고 설레고 귀하다. 우리가 삶에서 경험하는 다양한 종류의 사랑 중 모성애는 그 어떤 사랑보다 가치 있다. 하지만 모성애는 그 어떤 사랑보다 잔인하다. 왜냐하면 모성애는 무조건적 사랑이기도 하지만 내가 얻고자 한다고 얻을 수 있는 사랑이 아니기 때문이다. 모성애를 간절히 갈구하지만 얻지 못한 사람의 삶은 피폐해질 수밖에 없다. 이러한 모성애의 이중적인 모습을 에리히 프롬(Erich Seligmann Fromm, 1900년~1980년)은 『사랑의 기술(The Art of

Loving)』에서 다음과 같이 말한다.

> 사랑받기 위해 내가 해야 할 일은 하나도 없다. 어머니의 사랑은 무조건적이다. (중략)
>
> 어머니의 사랑은 보답할 필요가 없을 뿐 아니라 획득될 수도, 만들어 낼 수도, 통제할 수도 '없다'. 어머니의 사랑이 여기에 있다면 그것은 축복이다. 어머니의 사랑이 여기에 없다면 그것은 마치 인생의 모든 아름다움이 사라져 버린 것과 같다. 어머니의 사랑을 만들어 내기 위해 내가 할 수 있는 일은 하나도 없다.[3]

에리히 프롬은 독일계 미국인이다. 유대인인 그는 나치를 피해 제네바로 거처를 옮겼고 1933년 미국으로 망명했다. 그는 정신분석학자이자 정신과 의사였으며 『사랑의 기술』, 『자유로부터의 도피』, 『소유냐 존재냐』 등을 집필한, 20세기를 대표하는 현대 철학자이다. 자본주의 사회에서 현대인이 겪는 미묘하고 복잡한 심경을 철학적으로 분석한 그의 글은 읽을 때마다 매력적이다.

---

3. 에리히 프롬, 『사랑의 기술』, 황문수 옮김, 문예출판사, 2019, p. 64~65.

어머니의 사랑은 무조건적이라 내가 해야 할 일도 할 수 있는 것도 없다는 프롬의 말은 잔인하게 들린다. 어머니의 풍족한 사랑과 보살핌을 받고 자란 누군가는 삶의 어두운 순간을 어머니에게 받은 밝은 기운으로 잘 버텨 낼 것이다. 하지만 어머니의 사랑에 굶주린 누군가는 평생 어머니의 사랑을 갈구하며 그것이 결핍된 힘겨운 삶을 살아갈지도 모른다.

어린 날의 기억 속, 어렵고 힘들고 위급하고 낯선 상황에서 제일 먼저 생각났던 사람은 엄마였다. 나이가 어릴수록 더 그랬다. 지금도 가끔 마음이 불안할 때면 엄마가 생각난다. 그리고 엄마가 건넨 따뜻한 기억은 에너지가 필요한 순간마다 조용히 떠올라 나를 응원한다. 그 응원 덕에 어렵고 힘든 일을 버텨 냈는지도 모르겠다. 그렇다면 나는 엄마로서 어떻게 살아야 할까? 엄마로 어떻게 살 것인가를 고민하는 내게 프롬은 '젖과 꿀을 주는 엄마'가 되어 볼 것을 권한다.

약속된 땅(땅은 언제나 어머니의 상징이다)은 '젖과 꿀이 넘쳐흐른다'고 묘사되고 있다. 젖은 사랑의 첫 번째 측면, 곧 보호와 긍정적 측면의 상징이다. 꿀은 삶의 달콤함, 삶에 대한 사랑, 살아 있다는 행복감을 상징한다.

대부분의 어머니가 '젖'을 줄 수 있으나 '꿀'까지 줄 수 있는 어머니는 소수에 지나지 않는다. 꿀을 줄 수 있으려면 어머니는 '좋은 어머니'일 뿐 아니라 행복한 사람이어야 한다.[4]

프롬은 젖을 주는 엄마는 누구나 될 수 있지만, 꿀을 주는 엄마는 소수라 말한다. 자식을 보호하는 엄마는 많지만, 삶의 달콤함을 전하는 엄마는 많지 않다며 좋은 엄마가 되고 싶다면 인생의 꿀맛을 느끼는 행복한 사람이 될 것을 권한다. 그의 말을 들으니 나도 내 아이들에게 꿀을 전하는 엄마가 되고 싶어졌다.

따뜻하고 달콤한 기억 전달자

아이를 키우다 보면 새로운 자아를 발견할 때가 있다. 밤새 아픈 아이를 간호하며 숨겨진 인내심을 발견하고, 출근 전 두 아이를 들쳐 메고 질주하는 날렵함에 스스로 놀란다. 그리고 아이에게 위험한 일이 생길 것 같다는 불길한 예감이 정확하

---

4. 위의 책, p. 79.

게 맞을 때면, 혹시 내게 초능력이 있는 건 아닌지 합리적 의심도 든다. 이런 진귀한 경험들이 차곡차곡 쌓이며 우리는 엄마가 되고, 어른이 되어 간다. 아이를 낳고 키워 봐야 어른이 된다는 옛말은 진리에 가깝다.

아이를 키우다 보면 안타깝고 속상한 순간도 많이 있다. 아이가 다쳤을 때, 친구와 싸웠을 때, 시험을 망쳐 깊은 한숨을 내뱉을 때 등, 아이의 성장과 함께 속상함도 켜켜이 쌓여 간다. 속상함의 횟수가 많아질수록 크고 짙던 속상함은 조금씩 옅어지고 무뎌진다. 하지만 절대 익숙해지지 않는 속상함도 존재한다. 아이답지 않은 눈빛으로 주변의 눈치를 살피는 모습은 매번 마음을 무겁게 한다. 엄마가 행복해 보일 땐 애써 활짝 웃고, 엄마의 불안한 모습에 금세 변해 버리는 아이의 눈망울은 나를 슬프게 한다. 아이의 이런 모습을 볼 때면 내 감정을 돌봐야겠다는 생각에 정신이 바짝 든다. 내 감정이 정상으로 돌아와야 아이가 온전히 자신의 감정을 느끼며 살아갈 수 있다. 매일 한결같이 평온한 감정을 유지하긴 어렵지만 적어도 아이가 행복과 불행을 나의 감정에 따라 결정하지 않았으면 좋겠다.

단맛보다 쓴맛이 많은 게 인생이지만, 삶에는 결코 쓴맛만 있지 않다. 우리 기억에 오래 머물지 않을 뿐, 분명 삶에는 달콤한 순간들이 많다. 쓰디쓴 사연과 달콤한 인생사가 뒤죽박죽 섞여 있는 것이 인생이다. 쓴맛 뒤에 맛보는 단맛을 잊을 수 없듯, 불행도 경험해 봐야 행복의 소중함도 느낄 수 있는 법이다.

꿀을 전하는 좋은 엄마가 되고 싶은 나는 행복과 불행에 크게 기뻐하지도 몹시 슬퍼하지도 않을 생각이다. 인생이 전하는 각기 다른 모든 맛을 온전히 느끼며 때론 버티고 때론 즐기며, 때론 좌절하며 살아갈 것이다. 모든 순간을 기꺼이 겪어 내다 보면 진정한 삶의 꿀맛을 전할 수 있으리라 믿는다. 그렇게 하루하루 살다 보면 나도 따뜻한 기억을 전하는 좋은 엄마가 될 수 있지 않을까.

행복한 바보를 꿈꾸며
프리드리히 니체 『차라투스트라는 이렇게 말했다』

나이가 30대의 막바지에 이르렀을 때, 이상하게도 마음이
조급해졌다. 나만 보잘것없고 하찮은 사람이 된 것 같았다. 나
와 비슷한 나이대인 주변 사람들은 하나같이 빛났다. 재테크
에 성공했거나 악착같이 월급을 모아 통장이 두둑하거나 명성
을 얻었거나 아니면 눈에 띄는 업적을 하나쯤은 가지고 있었
다. 그들에 비해 나는 가진 게 아무것도 없었다. 지금까지 무
엇을 하면서 지낸 건지 알 수 없을 정도로 이루어 놓은 것이
단 하나도 없었다. 분명 헛되이 시간을 보내진 않았다. 방탕한
생활을 한 적도 없으며, 낭비를 일삼지도 않았다. 그런데 지금
나는 내세울 만한 게 아무것도 없다.

조금만 생각을 바꾸면 감사함을 찾을 수 있는 일들이 많을 텐데, 불만과 우울에 휩싸여 모든 것이 못마땅한 날이 있다. 이런 날에는 거울도 보지 않는다. 거울 속에는 초췌한 모습에 세월을 정면으로 맞은 여인이 있기 때문이다. 푸석한 피부, 멍하니 초점을 잃은 눈, 파리한 입술, 쏙 빠져 버린 볼살, 푸석한 머릿결까지. 거울을 보니, 우울의 농도는 더욱 짙어진다. 머리부터 발끝까지 내가 가진 모든 것이 하찮게 느껴지는 날이다. 요즘 부쩍 이런 못마땅한 날이 많아지고 있어 고민이다.

가끔 자신의 우울한 감정을 내게 털어놓는 사람들이 있다. 그들의 이야기를 듣고 있노라면 오죽 답답하면 나에게 이런 말을 할까 싶어 최대한 공감하며 듣는다. 그리고 힘들었겠다고 말한다. 작은 공감이 힘겨운 인생을 버텨 낼 힘이 되길 바라며.

감정이 바닥을 치는 우울하고 힘든 날엔 나도 누군가에게 속마음을 터놓고 위로받고 싶다. 누군가의 위로가 절실히 필요한 날이다. 내게 위로를 건네줄 적당한 상대를 물색하기 위해 핸드폰 연락처를 천천히 스크롤한다. 그동안 연락 한 번 제대로 안 하다가 갑자기 A에게 전화해서 힘든 이야기를 하려니 망설여진다. 다른 상대를 찾아본다. B에게 털어놓는 순간 주변 사람들이 모두 내 사연을 알게 될 것 같아 하지 않는 것이 좋겠다는 생각이 든다. 다른 상대를 물색한다. 최근에 좋지 않은 일이 있었던 C에게 하소연을 늘어놓자니, 걱정거리만 안겨주는 것 같아 연락을 포기한다. 연락처만 수차례 스크롤하다 '어차피 내 인생, 내가 책임지자.'라고 체념하며 위로받길 포기한다.

무거운 삶의 중력을 견뎌 내며 애써 태연한 척 살아가는 내게 니체(Friedrich Wilhelm Nietzsche, 1844년~1900년)는 동물에서 초인(위버멘슈)에 이르는 자기 극복의 이야기를 차라투스트라를 통해 들려준다.

인간에게 대지의 삶은 무겁기만 하다. (중략) 그러나 가벼워져서 새가 되기를 바라는 자는 자신을 사랑해야만 한다. (중략) 자신을 사랑하는 것은 오늘이나 내일을 위한 계율은 아니다. 오히려 이것은 모든 기술 중에서 가장 세밀하고 가장 교묘하며 가장 커다란 인내심이 요구되는 궁극의 기술이다.[5]

---

5. 프리드리히 니체, 『차라투스트라는 이렇게 말했다』, 장희창 옮김, 민음사, 2004, p. 342.

불행 때문에 바보가 되기보다는 행복 때문에 바보가 되는 것이 낫다. (중략)

가장 나쁜 것조차 두 가지의 좋은 이면을 가진다는 것을 알라.[6]

탄생의 기쁨 못지않게 죽음의 아쉬움도 함께 나눌 누군가가 필요한 법이다. 인간이 반드시 거쳐야 하는 생로병사의 과정에서 함께하는 가족과 지인의 유무, 그리고 그들이 미치는 소소한 영향력은 인간의 삶을 행복과 불행으로 나뉘게 한다. 이런 관점에서 볼 때 니체의 삶은 행복보다는 불행에 좀 더 가까웠다고 생각한다.

니체의 아버지는 니체가 다섯 살 되던 해, 세상을 떠났다. 아버지가 세상을 떠나고 몇 달 후, 남동생마저 사망했다. 니체는 어머니, 여동생, 그리고 할머니, 고모들과 함께 지냈다. 어린 나이에 가족의 죽음을 두 차례 경험한 니체는 나이답지 않게 조숙했다. 니체의 어머니는 집안의 유일한 남성인 니체가 병에 걸리지 않길, 그리고 아버지의 뒤를 이어 목사가 되길 염원했다.

------

6. 위의 책, p. 519.

니체는 어린 시절부터 어머니의 기대에 부응하고자 애썼을 것이다. 가끔은 어머니의 기대를 감당하기 어려웠겠다는 생각도 든다. 그래서일까. 니체는 건강이 좋지 않았다. 눈도 좋지 않아 밝은 빛을 보기 어려웠으며 구토와 설사를 반복했다. 몸과 마음이 극도로 쇠약해진 니체는 결국 정신병원에 입원하게 되었고 어머니의 돌봄을 받았다. 어머니가 세상을 떠난 후에는 여동생의 돌봄을 받으며 지내다 55년의 삶을 마감했다.

행복한 바보가 되어 보세요

왜 나만 이렇게 살아야 하는 건지, 내 삶만 왜 이리 유독 버거운 건지 답답하고 서러울 때가 있다. 주변의 타인과 비교해 봐도 나만 불행하고, 내세울 만한 것도 전혀 없다. 나도 보란 듯이 잘 살고 싶고 인생의 무게가 가벼워졌으면 좋겠는데, 아무리 생각해도 신은 나만 미워하는 것 같다. 늘 내게만 감당하기 어려운 삶의 무게를 얹는다.

무거운 삶의 중력에서 벗어나고 싶은 마음에 애써 보지만 감당하기 쉽지 않다. 무거운 짐을 내려놓고 빨리 가벼워지고 싶은 마음에 '저 너무 힘들어요.' '저 좀 봐주세요.'라고 말하며 타인의 위로를 갈구한다. 하지만 그 어떤 위로도 삶의 무게를 덜어 내지 못한다. 삶의 무게를 가볍게 하기 위해서는 스스로 견뎌 내야 할 몫이 있다. 무의식 속 숨어 있는 불편한 감정을 끄집어내서 만나 보고, 버려야 할 것은 과감히 버리고 버려야 무거운 삶의 짐을 조금씩 내려놓을 수 있다.

니체는 무거운 삶의 짐을 내려놓는 묘안으로 자신을 사랑하라고 권한다. 그는 자신을 사랑으로 돌보기란 쉬운 일이 아니며 커다란 인내심이 요구된다고도 덧붙인다. 좀 더 구체적인 방법을 알려 주면 좋으련만, 어떤 방식으로 나를 사랑하라는 건지 난감하다. 내가 가진 모든 것이 하찮게 느껴질 때는 내 모습을 보는 것조차 힘든데 나를 사랑하라니, 역시 삶은 쉽지 않다.

그러던 어느 날, 문득 일상의 무게를 온전히 견뎌 내고 있는 내가 사랑스럽게 느껴졌다. 아파도 꾸역꾸역 직장에 출근하는 모습이 대견했고, 듣기 싫은 소리를 마음에 담아 두지 않고 흘려보낸 모습이 기특했다. 감정의 소용돌이에 휩싸이지 않고 삶을 인내하는 내 모습이 사랑스러웠다.

이렇게 사나, 저렇게 사나, 어차피 인생은 누구에게나 힘들다. 나만 늘 불행한 것 같고 매일매일 재수 없는 일이 반복적으로 생긴다고 불평해 봤자 주어진 삶을 버티며 살 수밖에 없는 것이 세상의 이치다. 그렇다면 무거운 삶의 중력을 견디며 불만만 가득 안고 불행한 바보로 살기보다는 니체의 말처럼 자신을 사랑하는 행복한 바보로 사는 것은 어떨까.

오늘도 나는 불편한 분위기 속에서 만나고 싶지 않은 타인과 함께해야 했고, 아침부터 불쾌한 일이 넘쳐 났다. 이런 일이 사람에게 생길 수도 있구나 싶은 기상천외한 일을 겪었으며 왜 나만 이렇게 살아야 하는지 원망스러운 순간도 많았다. 하지만 최악의 순간에 니체의 말을 떠올리며 나를 사랑으로 돌보고자 노력했다. 그리고 행복한 바보로 오늘 하루를 어렵게 견뎌 냈다. 이유 없이 히죽거리는 나를 누군가는 정신이상자로 생각했을지도 모르겠지만, 행복한 바보로 살고자 마음먹으니 이상하게도 세상이 재밌어졌다. 그리고 보잘것없어 보이던 나도 몹시 사랑스럽게 느껴졌다. 이렇게 오늘 하루도 삶의 무게를 견뎌 낸 나를 칭찬한다.

당신은 쉴 자격이 충분해요

버트런드 러셀 『게으름에 대한 찬양』

내게 붙어 있는 에너지를 바닥까지 모두 써 버려 버텨 낼 힘이 조금도 남아 있지 않을 때가 있다. 축 늘어진 몸과 몽롱한 정신을 애써 붙잡고 일상을 이어 가려 노력하지만, 소진된 에너지는 감정과 이성을 마비시킨다. 반복되는 평범한 일상이 차곡차곡 쌓여 지금의 내가 있겠지만 몸과 정신의 에너지가 한 톨도 없이 방전되었을 땐, 행복이라 여겼던 평범한 일상마저 원망스럽다. 에너지를 충전하고 회복할 방법을 찾아야 하는데, 그마저도 귀찮게 느껴지는 날이다.

소진된 에너지는 정해진 법칙처럼 우울을 초대한다. 나는 어쩌다 이렇게 쉬지도 못하고 몸도 아프고, 마음도 아픈 상태가 된 건지. 대체 내 삶은 언제쯤 편해지는 건지. 이렇게 살 바엔 차라리 세상을 버리는 게 낫지 않은지 등. 오만 가지 생각이 우울의 꼬리를 문다.

우울함의 파급력은 강력하다. 나의 우울함은 조용히 그리고 깊숙이 주변 사람들에게 영향을 미친다. 나의 우울함으로 가장 큰 피해를 보는 사람은 가까이에 있는 사람들이다. 나를 의지하는 아이들에게 세상 나쁜 엄마가 되고, 나를 믿어 주는 남편에겐 지상 최대의 악처가 된다. 그리고 나의 가시 돋친 말과 행동은 불특정 타인까지 불편하게 만든다. 단순하게 번아웃이 온 것이라 여겼던 소진된 에너지가 우울감이라는 태풍을 몰고 와 내 인생에 휘몰아칠 때면, 좀 쉬어 보는 건 어떻겠냐며 게으름을 찬양한 영국의 철학자 버트런드 러셀(Bertrand Russel, 1872년~1970년)의 문장이 떠오른다.

행복한 생활의 기회를 가지게 된 평범한 남녀들은 보다 친절해지고, 서로 덜 괴롭힐 것이고, 타인을 의심의 눈빛으로 바라보는 일도 줄어들 것이다. 또한 전쟁을 일으키게 되면 모두가 장시간의 가혹한 노동을 해야 할 것이므로 전쟁 취미도 사라질 것이다.

모든 도덕적 자질 가운데서도 선한 본성은 세상이 가장 필요로 하는 자질이며 이는 힘들게 분투하며 살아가는 데

서 나오는 것이 아니라 편안함과 안전에서 나오는 것이다.[7]

버트런드 러셀은 다방면에 능통한 재능 부자였다. 철학, 문학, 과학, 수학 등 다양한 분야에서 뛰어난 능력을 보여 주었고 비트겐슈타인 같은 걸출한 제자까지 양성했다. 이뿐 아니라, 그는 깨어 있는 지식인으로서 반전(反戰)과 반핵운동에 앞장서며 사회운동에도 관심을 가졌다. 노벨문학상을 수상할 만큼 화려한 이력을 자랑하던 그는 "노령은 면죄부가 될 수 없다."라는 말을 남기며 죽음 앞에 이르는 날까지 또렷한 사고를 유지하려 노력했다. 책임감 있는 의연한 자세로 노화와 죽음에 대처한 모습이 인상적이다.

『게으름에 대한 찬양(In Praise of Idleness)』에서 그는 부지런히 일하는 것을 미덕이라 여기는 문화가 현대사회에 막대한 피해를 가져왔다고 말하며, 쉼과 여가를 찬양하는 삶이 행복을 위한 기회라 말한다. 또한 인간의 선한 본성조차 몸과 마음이 힘들고 지치면 찾을 수 없다며, 편안하고 휴식이 보장될 때 도덕성도 지켜질 수 있다고 전한다. 쉼을 찬양한 그의 문장은 늘 종종거리며 바쁘게 사는 내 마음을 울린다.

---

7. 버트런드 러셀, 『게으름에 대한 찬양』, 송은경 옮김, 사회평론, 2005, p. 33.

당신은 쉴 자격이 충분해요

평소 나는 스스로를 다그치며 사는 스타일이다. 늘 뭔가를 하면서 사부작대고 되도록 빈틈없이 시간을 쓰고자 노력한다. 가끔은 능력 밖의 일이 주어질 때도 있는데, 이때도 타인의 평가를 걱정하며 완벽하게 해내려, 스스로를 엄청 볶는다. 조금 실수했다고 빈틈이 보인다고 큰일이 일어나는 것도 아닌데, 왜 이리 힘들게 사는지 모르겠다. 심지어 무언가를 하지 않으면 시간을 무의미하게 보내는 것 같아 알 수 없는 죄책감에 시달리기도 한다. 좋지 않은 성격이라 여겨져 고치고 싶지만, 쉽게 개선되지 않는 치명적 단점이다. 스스로를 다그치며 아등바등 숨 막히게 산 결과는 참담하다.

몇 해 전, 완전한 탈진을 경험했던 적이 있다. 귓속에서는 정체불명의 소리가 맴돌았고 마음도 뜻대로 되지 않아 힘들었다. 진통제로 버텨 봐도 소용없어 대학병원에 찾아가 진료를 받았다. 여러 검사를 받으며 잔뜩 긴장한 내게 의사는 모든 병의 근원은 스트레스라고 담담하게 말하며 한 움큼의 약을 두 달 치 처방해 줬다. '마흔이 되더니, 이제 하나둘 몸이 고장 나는구나.'라는 생각에 몹시 우울했다. '직장과 집을 넘나들며 쉬지 않고 달리더니 결국 이렇게 됐네.'라는 생각에 몇 날 며칠, 눈물만 흘렸다. 몸과 마음의 회복을 기원하며 매일 약을 삼켰다. 약 기운에 취해 괜찮아지던 몸은 시간이 지나면서 부기(浮氣)를 동반한 무기력으로 또다시 힘들어졌다.

삐거덕대는 몸과 무기력으로 시작된 우울에서 해방되고 싶었다. 좋은 음식을 먹고자 노력하고 운동도 시작하며 나를 돌봤다. 그리고 의도적으로 아무것도 하지 않는 시간을 갖고자 애썼다. 하루에 일부분 강제적으로 휴식 시간을 가졌고, 이 시간만큼은 아무것도 하지 않고 모든 것을 멈췄다. 생각도 행동도 잠시 멈추고 타인의 눈치도 살피지 않았다. 나를 얽매는 모든 것에서 벗어나 가벼워지고 싶었다. 이렇게 몸과 마음을 찬찬히 돌보며 게으름은 우리 삶에 꼭 필요한 양분이라는 것을 깨달았다.

감정과 신체 에너지가 모두 탈탈 털려 일상을 버텨 내기 힘들다면 러셀의 조언처럼 게으름의 시간을 가져 볼 것을 권유한다. 지금까지도 잘해 왔고, 지금 이대로도 충분히 잘하고 있다. 그러니 더 잘하려고 애쓰지 말고 잠시 쉬었다 가자. 당신은 쉴 자격이 충분하다. 적당한 게으름은 자신뿐 아니라 타인과의 원만한 관계를 유지하는 데도 도움이 된다. 쉬지 않고 달리면 나만 힘들 뿐이다. 그리고 우리에겐 달려야 할 날들이 무수히 많이 남아 있다. 인생은 생각보다 긴 싸움이다. 쉽게 지치지 않기 위해서는 긴 호흡과 꾸준한 게으름이 필요하다. 조금 천천히 가도, 한 걸음 쉬었다 가도 전혀 문제 되지 않는다. 힘들고 지칠 땐, 단호하게 쉬자. 나를 위해 그리고 내가 사랑하는 사람들을 위해.

감사함을 잊고 사는 나에게

맹자 『맹자』

삶에서 가장 감사하는 사람이 누구냐고 묻는다면 망설임 없이 남편이라고 답할 것이다. 남편에게 감사하는 이유는 여러 가지가 있는데, 그중 한 가지는 가정이라는 울타리를 함께 만들었다는 점이다. 그를 만나서 안정된 가정을 얻었고 눈에 넣어도 아프지 않은 두 아이를 갖게 되었으니 이보다 더 감사할 일이 어디 있겠는가 싶다.

하지만 나는 일상에서 종종, 아니 자주 남편이 전한 감사함을 잊고 산다. 남편이 베푸는 모든 것을 당연하게 생각하고 늘 더 큰 욕심을 갖는다. 희한하게도 욕심이 마음에 자리 잡는 순간, 감사함은 말끔하게 사라지고 억울함이 샘솟는다. 감사함을 망각한 나는 밑도 끝도 없는 불만만 가득 늘어놓으며 세상에서 제일 불쌍하고 억울한 인간이 된다. 이런 내 모습에 나도 숨이 막히는데, 상대방은 어떨까 싶다. 나를 만난 그의 인생이 불쌍하게 느껴지는 날이다.

감사함을 잊은 나는 좋지 않은 일이 발생할 때마다 억울함의 원인을 주변 사람에게서 찾는다. 그리고 그들에게 책임을 전가한다. 지금 이렇게 힘든 상황을 마주하게 된 것은 모두 내탓이 아닌 누군가의 탓이라고 생각한다. 잘못을 저질렀음에도 어떻게든 핑곗거리를 찾아 스스로 무결한 사람임을 증명하려애쓴다. 만약 내게 잘못이 있다면 그 사람과 엮인 것뿐이며, 상대방에게서 잘못의 증거를 찾을 수 없을 땐 불운한 운명을 탓한다.

감사함을 잊고 사는 삶은 원망, 증오, 분노를 쉽게 불러온다. 원망, 증오, 분노와 함께하는 사람은 자신을 사랑할 수도, 타인을 사랑할 수도 없다. 꾸역꾸역 외롭게 살아갈 뿐이다. 감사함을 잊고 살다 비참하게 살아갈 나의 앞날을 걱정하며 맹자(孟子, 기원전 372년경~289년경)는 활 쏘는 사람의 이야기를 들려준다.

인자(仁者)의 자세는 활 쏘는 것과 같다. 활 쏘는 사람은 자신을 바로잡은 뒤에야 발사하고, 발사한 것이 맞지 않더라

도 자기를 이긴 자를 원망하지 않고 자기에게서 실수의 원인을 반성할 따름이다(反求諸己).[8]

맹자는 우리에게 '맹모삼천지교(孟母三遷之敎)'로 익숙한 학자다. 맹자의 어머니 급 씨(伋 氏)의 이야기는 전한(前漢)의 학자 유향(劉向)이 지은 『열녀전(列女傳)』에 등장한다. 『열녀전』에 따르면 맹자의 집은 원래 공동묘지 근처에 있었다. 어린 맹자는 평소 보았던 대로 상여 옮기는 흉내를 내고 곡하는 시늉을 하며 상여꾼이 부르는 노래를 따라 부르며 놀았다. 맹자 어머니는 이런 맹자의 모습을 보고 자녀교육에 좋지 않다고 걱정하여 이사를 결심했다. 이사 간 곳은 시장 근처였는데, 이번에 맹자는 상인 흉내를 내며 놀았다. 이 모습 또한 마음에 들지 않았던 맹자 어머니는 세 번째 이사를 결심했다. 학문과 친해지길 염원했던 맹자의 어머니는 공자를 모시는 사당인 문묘 근처로 이사 갔다. 이곳에서 맹자는 관원들의 예절을 따라 하며 학문에 관심을 보였다. 그때야 비로소 맹자 어머니는 만족했고, 그곳에 계속 거주했다.

맹자 어머니는 학문에 대한 열정도 컸고, 자식 사랑도 대단

---

8. 맹자, 『맹자』, 안외순 옮김, 책세상, 2023, p. 75.

했다. 대단한 자식 사랑으로 훌륭한 학자를 키워 낸 모습이 같은 엄마로서 존경스럽다. 한편으로 맹자 어머니는 어쩌면 대단한 치맛바람을 날리는 '돼지엄마'[9]였을지도 모른다는 생각도 들었다. 그래서일까. 학군지 집값이 새 학기마다 들썩거리고, 고위 공직자의 인사청문회에서 자녀교육으로 인한 위장전입이 주요 이슈가 될 때마다 희한하게도 맹자 어머니가 생각난다.

아무튼 자녀교육을 위해 세 번씩이나 이사를 결심한 어머니의 지극한 사랑과 관심 속에서 성장한 맹자는 따뜻한 철학자의 모습을 보여 준다. 다수의 철학자들이 예민하고 냉소적인 반면 맹자의 철학은 굉장히 선하고 따뜻하다. 맹자가 보여 준 따뜻함 덕분에, 맹자는 개인적으로 좋아하는 동양 철학자 중 한 사람이다. 맹자가 전한 대표적 사상인 성선설(性善說)에서도 그의 따뜻한 면모를 엿볼 수 있다.

『맹자(孟子)』는 7편으로 구성되어 있다. 맹자가 직접 저술했다기보다는 맹자 사후에 제자들이 맹자가 전한 이야기와 문장을 책으로 엮었다고 보는 것이 좋다. 위나라의 군주 양혜왕에

---

9. 학원가에서 쓰이는 속어로 강사와 학원 등을 좌지우지하는 학부모들의 대표를 일컫는 말.

게 왕도정치(王道政治)[10]를 실시하라고 권하는 「양혜왕(梁惠王)」, 제자 공손추와의 대화를 통해 왕도정치를 강조한 「공손추(公孫丑)」, 군주의 마음가짐에 대해 이야기하는 「등문공(滕文公)」, 인간의 본성을 이야기하는 「이루(離婁)」, 인간의 도리를 강조하는 「만장(萬章)」, 동시대의 사상가인 고자와 인간 본성에 대해 논한 「고자(告子)」, 군자의 마음가짐을 다룬 「진심(盡心)」까지 7편이 전해진다.

위에 소개한 문장은 『맹자』「공손추」 상(上)편에 등장한다. 맹자가 제자 공손추와 왕도정치에 대해 나눈 대화가 주를 이루며 상편은 9장, 하편은 14장으로 구성되어 있다. 소개한 문장은 스스로 돌이켜 보면서 문제의 원인을 자신에게서 찾는다는 뜻의 사자성어 '반구저기(反求諸己)'로 우리에게 익숙한 문장이기도 하다.

『맹자』를 처음 읽었을 때는 정치철학서라는 느낌이 강했다. 하지만 읽다 보니, 마음에 와닿는 문장들이 꽤 많았다. 혼자 가만히 읽어도 위로받을 수 있는 문장들이 있어 철학서의 역할도 충분히 한다고 생각한다. 이런 매력 때문에 지금까지

---

10. 덕망 있는 지도자가 백성을 덕으로 다스려야 한다는 맹자의 정치 사상.

도 사람들의 관심을 받고 있는 것 같다. 맹자가 전하는 문장들을 읽다 보면 묘하게 설득당하는 느낌이 들 때도 있다. 적절한 비유를 제시하며 조곤조곤 주장을 전개하고 대안까지 제시하는 모습에 읽다 보면 서서히 맹자의 매력에 빠져든다. 중앙의 주나라가 몰락하고 중국 전국의 제후들이 패권을 잡으려고 다투는 혼란스러운 시대를 살았던 맹자가 자기 방식대로 어지러운 시대를 견디며 자신의 생각을 피력한 모습 또한 존경스럽다. 자신의 목소리를 표출한 바람직한 지식인의 모습을 보여 줬다고 생각한다.

세상에 당연한 것은 없다

"남의 눈에 있는 티끌은 보면서, 내 눈에 있는 대들보는 보지 못한다"는 성경 구절이 있다. 요즘 부쩍 마음에 와닿아 종종 꺼내 보며 생각한다. 타인의 허물은 아주 선명하게 잘 보인다. 가끔은 이것도 허물일까 싶은 사소한 것도 질책하기 바쁘다. 하지만 내 허물과 마주할 때는 사정이 달라진다. 다양한 핑곗거리를 소환하고, 이 상황과 관계된 타인을 어떻게든 찾아내 원망을 퍼붓는다. 그리고 그 틈에 조용히 자신의 허물을 묻어 버린다. 이토록 한심한 삶을 당연하게 살아가는 내게 맹자는 타인을 원망하지 말고 자신에게서 원인을 찾아보라고 말한다. 타인의 작은 잘못조차 거침없이 들춰내어 손가락질하기 바쁜 세상에서 타인을 원망하지 말고 자신에게서 원인을 찾으라는 맹자의 말은 가슴을 뜨끔하게 만든다.

잘못의 원인은 타인에게서 찾으면서, 타인이 베푼 호의와 선행은 잊고 살 때가 많다. 상대의 허물은 작은 것조차 찾아내 지적하기 바쁘지만, 상대가 베푼 호의는 당연하게 생각한다. 하지만 세상에 당연한 것은 없다. 상대방이 베푼 호의가 아무리 작은 것일지라도 당연하게 생각해서는 안 된다. 누군가 베푸는 작은 친절과 따뜻함은 그 사람의 에너지를 나누는 것이다. 시간과 열정, 노력을 내게 베푸는 것인데 당연하다고 생각하는 것은 큰 착각이다.

익숙해서, 혹은 너무 작고 사소한 일이라 여겨져서 감사함을 잊고 산다면, 그리고 자신에게 생긴 불행의 원인도 타인에게서만 찾고 있다면 자신의 마음을 먼저 살펴볼 것을 권한다. 마음의 소리에 집중하면 빗나간 화살도, 잊고 지낸 감사함도 제자리를 찾을 수 있을 것이다. 오늘은 나도 남편에게 꼭 감사의 마음을 전하고 싶다. 당신이 있어, 참 고맙다고.

4시 30분에 일어나려다 대상포진에 걸렸다

보에티우스『철학의 위안』

주변에 어떤 사람들이 있느냐는 중요한 문제다. 왜냐하면 그들이 내 삶을 결정할 수 있는 영향력을 일부 갖고 있기 때문이다. 몇 달 전부터 주변 사람들이 하나, 둘 새벽에 일어나기 시작했다. 그들은 '미라클 모닝(miracle morning)'[11]을 실천하고 있었다. '하루가 여유롭다', '새벽이 주는 느낌이 좋다'며 새벽 공기, 새벽 냄새가 갖는 독특한 매력을 강조했다.

'그래, 그렇다고, 새벽 기상이 그렇게 좋단 말이지. 그럼 나도 한번 시작해 보자.'

---

11. 미국의 작가 할 엘로드가 만들어 낸 생활방식으로 아침에 깨어나고 나서 첫 30분 동안 명상, 운동, 독서, 글쓰기, 긍정적인 문장 낭독, 목표의 시각화 중 하나 이상의 요소로 자기계발을 하는 것이다.

　귀가 적당히 얇은 나는 미라클 모닝을 향한 타인들의 찬사에 등 떠밀려 하루의 시작을 새벽 4시 30분에 맞이해 보기로 결심했다. 주변 지인들이 실천하고 있는 바로 그 시간에.

　4시 30분의 기적을 느껴 보리라. 오늘부터 1일이다. 잠자기 전, 스마트폰을 화장대 위에 둔다. 숙면에 방해가 되면 안 된다는 이유도 있지만, 알람을 듣고 침대에서 일어나 몇 발자국이라도 걸어가며 잠을 깨야겠다는 큰 뜻이 담겨 있는, 철저히 계산된 행동이다. 비장한 자세로 잠을 청해 보지만, 잠은 쉽게 오지 않는다. 한참을 뒤척이며 한 마리씩 양을 세고 잠을 부르는 온갖 행동을 모조리 해 봤지만, 머리만 복잡하다. 그러다 느지막이 어렵게 잠이 들었다. 알람 소리를 듣고, 비몽사몽 상태로 물 한 컵을 마시고 책상 앞에 앉았다. 이것이 주변 사람들이 예찬하던 새벽의 느낌일까? 적막이 흐르는 가운데 책을 집어 든다. 나만의 시간을 갖는다는 생각에 기분이 좋지만, 책장을 넘기기 어렵다. 어딘가 모르게 어색하고 불편하다. 정체를 알 수 없는 불편함은 졸음과 피곤함을 불러온다. 오늘은 첫날이라 힘든 거라며 스스로를 다독이고, 아침 준비를 한다.

　둘째 날이다.

　오늘은 독서 대신, 글을 써 보려 한다. 노트북을 켰다가 다이어리를 만지다가 이것저것 산만하게 움직여 보지만, 오늘도 어색함과 불편함은 졸음과 피곤함을 불러왔다.

미라클 모닝을 실천하며 셋째 날, 넷째 날을 보내고 있는데 뜬금없이 옆구리가 간지럽다. 기분 나쁘게 따끔거리고 가려워 옆구리를 살펴보니 발갛게 물집이 생겼다. 물집도 물집이지만 몸이 나른하고 지쳐 아무것도 할 수 없는 상태다. 무기력이 정점을 찍어 침대와 한 몸이 될 수밖에 없었다. 사춘기 아들놈은 엄마가 코로나에 걸린 것 같다고 호들갑이다. 무겁게 늘어진 몸을 질질 끌고, 병원으로 갔다.

"요즘 무리하셨어요? 대상포진입니다. 면역력이 중요한 시기인데, 연고랑 약 드릴게요."

행복한 삶을 살기 위해 미라클 모닝을 실천하려 했건만, 몹쓸 병만 얻은 채 약을 받아 들고 약국 문을 나섰다. 힘든 몸을 이끌고 집으로 돌아오는 길에 행복에 대해 생각해 봤다.

타인과의 비교를 통해 행복을 수치화하는 내게

내 마음속에는 언젠가부터 행복의 기준이 확고히 자리 잡고 있다. 그리고 나이가 들수록 행복의 기준은 수치화되어 행복과 불행을 판가름하려 한다. 지금 내 나이에 어울리는 집의 크기, 자동차의 종류, 그리고 연봉의 액수까지 기준선을 정해 놓고 얼마나 도달했는지를 수시로 주변 사람들과 비교하며 확인한다. 정해진 기준에 미치지 못하는 불편한 현실을 자각할 때면 씁쓸하다. 타인과 비교하며 수치를 통해 행복을 확인하려는 내게 보에티우스(Anicius Manlius Torquatus Severinus Boëthius, 480년경~524년경)는 『철학의 위안(De Consolatione Philosophiae)』에서 다음과 같은 문장을 전한다.

네가 불행이라고 생각하지만 않는다면, 불행이라는 것은 존재하지 않는다. 그러므로 모든 것을 고요하고 평안한 마음으로 받아들여서 감내하기만 한다면, 너의 운명은 무엇이 되었든 네게 행복하고 복된 것이 된다. 아무리 행복하고 복된 운명 속에서 살아가는 사람이라도, 자신의 운명에 전적으로 만족해서 그 운명을 전혀 바꾸고 싶어 하지 않는 사람이 누가 있겠느냐.

인간의 삶은 제아무리 달콤한 삶이라고 하더라도 반드시 그 속에 아주 많은 쓴맛이 섞여 있는 법이기 때문이다. 행복을 누리고 있는 동안에는 즐거워 보이지만, 그것도 한순간일 뿐, 그 행복이 떠나가고자 할 때에 붙잡아 둘 수 있는 사

람은 아무도 없다.[12]

보에티우스는 동고트 왕국[13]의 정치가이자 철학자이다. 그는 억울한 누명을 쓰고 유배 생활을 하게 되는데, 그곳에서 처형당할 날을 기다리며 쓴 책이 『철학의 위안』이다. 『철학의 위안』에는 운문 형태의 글이 많아 철학책보다는 시집에 가깝다는 생각도 들었다. 감수성 풍부한 문학적 표현이 곳곳에 있어 철학책은 딱딱하고 지루하다는 편견을 거둬 냈던 책이기도 했다.

보에티우스는 행복도 불행도 모두 마음먹기에 달려 있다고 말한다. 인생에는 쓴맛과 단맛이 고루 섞여 있으며 인생의 단맛만을 영원히 붙잡아 둘 수 없음을 강조한다. 또한 행복은 영원히 우리 삶에 머물지 않으며 곧 떠난다는 말도 함께 전한다.

---

12. 보에티우스, 『철학의 위안』, 박문재 옮김, 현대지성, 2018, p. 92~93.

13. 유럽의 게르만 부족 중 하나인 동(東)고트족이 서로마 제국을 멸망시킨 오도아케르를 몰아내고 493년 이탈리아 반도에 세운 나라. 553년 비잔티움 제국에 의해 멸망당했다. 동고트 왕국에서는 로마인 엘리트들을 행정 관료로 임명하고 이들을 활용하려 했는데, 보에티우스도 로마계 엘리트 출신 관료이자 고대 그리스 철학의 유산을 물려받은 철학자였다.

'내 삶에서 이토록 좋은 때가 또 있을까.'라는 생각이 들었던 때가 있다. 노력에 따른 합당한 결과라는 보상이 있었고 뜻하지 않은 행운도 있었다. 그리고 무엇보다 마음이 평안했고, 주변 사람들도 모두 건강했다. 그래서 행복했다. 하지만 한편으로는 불안했다. 이 행복이 떠나고 나면 내겐 분명 예상조차 할 수 없는 걱정거리들이 생길 것 같았기 때문이다. 감당하기 힘든 불행이 어떤 건지 알기에 불행이 찾아오는 것이 두려웠다. 그래서 행복의 순간을 어리석게도 마냥 즐기지 못했다.

행복은 복잡하고 어려운 감정이다. 인생은 공평하기에 행복의 시간과 불행의 시간은 길이가 서로 비슷할 텐데 이상하게도 행복은 짧게, 불행은 길게 느껴진다. 긴 불행을 견뎌 내며 어렵게 맞이한 행복이 마냥 기쁘지 않은 것 또한 이해하기 어려운 감정이다. 누가 봐도 행복할 수밖에 없는 조건에서도 불행은 등장한다. 행복만큼 불행의 얼굴도 다양하다.

대상포진 약을 삼키며 지금 내게 행복은 집안일과 직장 일의 균형을 잘 잡고, 주어진 일을 무리하지 않고 해내는 것이라는 생각이 들었다.

"행복에 정해진 기준은 없다."는 보에티우스의 말처럼 행복과 불행은 마음먹기에 달려 있다. 타인이 행복이라 여기는 삶의 방식도 내겐 행복이 될 수 없으며 마음가짐에 따라 행복은 달라진다. 다양한 삶의 현장에서 각자의 방법으로 버티며 살아가는 모든 사람들이 행복의 의미를 찾을 수 있었으면 좋겠다. 그리고 혹시라도 지금 어딘가에서 참기 힘든 불행 때문에 힘들다면 오히려 더 잘된 일이라 생각하고 조금만 버텨 내시길 응원한다. 이 고비만 넘기면 분명 행복이 찾아오기 때문이다. 그것이 삶의 진리이니까.

지금 시작해도 늦지 않았다

존 스튜어트 밀 『자유론』

출산 후, 아이의 건강 상태를 확인하고 정신이 들자마자 내 몸무게가 몹시 궁금했다. 임신 전보다 15킬로그램 늘어난 낯선 몸무게는 출산의 공포만큼 두려웠다. 병원에서 퇴원하고 조리원에 입소하자마자 체중계에 올라가 몸무게를 측정했다. 출산과 동시에 절반 정도는 빠졌을 것이라 생각했는데, 야속하게도 아이 몸무게만큼만 빠지고 그대로였다. 조리원에서 만난 동기들도 나처럼 체중계 앞에서 불편한 현실과 마주하며 한숨을 내쉬고 있었다. 출산을 처음 경험한 우리는 큰일이라도 일어난 듯 호들갑을 떨었다. 하지만 어디서나 경험자는 여유 있는 모습을 보여 주기 마련이다. 조리원 동기 중 둘째를 출산한 언니는 침착한 어조로 "지금 너희들 몸에 붙어 있는 살

있잖아. 그거 한 달 안에 안 빠지면 평생 너희 몸에 붙어 있을 거야."라고 말하며 우리의 한숨을 더 깊게 했다.

조리원 퇴소 후 마주한 현실 육아는 상상 이상이었다. 두 시간 간격으로 이어지는 수유, 수시로 확인해야 하는 기저귀 상태, 이유도 알 수 없이 종일 울기만 하는 영아산통[14] 등 험난한 육아의 과정은 자연스레 몸무게를 줄게 했다. 하지만 육아 스트레스를 해소하고자, 아이를 재우고 늦은 밤 홀짝홀짝 마신 맥주는 결코 몸무게가 줄도록 허락하지 않았다. 세월이 한참 지난 지금도 그때의 몸무게는 내 몸에서 당당하게 자신의 지분을 차지한 채, 버티고 있다.

아이를 낳고 몸만 달라진 게 아니었다. 기억력은 출산 전보다 눈에 띄게 감퇴했으며 무엇보다도 자신감이 급속도로 떨어졌다. 스스로 나는 아기 엄마라는 테두리에 갇혀 뭐든 할 수 없을 것 같다는 생각에 지배당했다. 주변에서 나를 보는 시선도 예전과 달라진 것 같았다. 아기 엄마인 내게 기대하는 바가 크지 않은 눈치였다.

육아와 직장 일을 병행하는 건, 결코 쉽지 않다. 해 본 사람만 알 수 있다. 이 일이 얼마나 험난한지. 내 시간을 갖기는 당

연히 어렵고 꼭 참석해야 하는 짧은 만남도 일정을 조율하기 쉽지 않다. 몇 안 되는 모임조차 얼굴을 비출 수 없으니 자연스레 끊겼다. 하지만 시간은 약이 된다. 사치처럼 느껴지던 나만의 시간은 아이들이 모두 초등학교에 진학하고 예전보다 내 손길이 덜 가면서 자연스럽게 생겼다.

아이들이 자라고 내 시간이 조금씩 생기니, 해야 할 일 말고 하고 싶은 일을 하며 살고 싶었다. 100세 시대라고 하는데, 나는 아직 인생의 절반도 살지 못했다. 지금 내가 하고 싶은 걸 시작해도 늦지 않다는 생각에 철학 공부를 하고 싶어 대학원 진학을 결심했다. 공부를 결심한 첫날, 집 앞 문구점에서 딸과 함께 굵은 스프링이 달린 노트 한 권을 샀다. 노트 한 권은 인생을 조금 바꿔 놓았다. 마흔에 대학원에 입학했고 좋은 교수님을 만나 어른답게 살고 싶다는 소망이 생겼다. 대학원에서 보낸 시간은 태어나서 처음으로 배움이 즐겁다고 느낀 달콤한 시간이었다. 그때의 배움이 지금도 이어져 철학책을 늘 손에 쥐고 있다. 삶을 바꾸고 싶다면 때로는 과감한 용기가 필요하다.

이런 내게 영국의 철학자 존 스튜어트 밀(John Stuart Mill, 1806년~1873년)은 『자유론(On Liberty)』에서 인간을 나무에 비유하며 응원의 말을 전한다.

인간은 본성상 모형대로 찍어 내고 그것이 시키는 대로 하는 기계가 아니다. 그보다는 생명을 불어넣어 주는 내면의 힘에 따라 온 사방으로 스스로 자라고 발전하려 하는 나무와 같은 존재이다.[15]

밀을 생각하면 그가 사랑했던 여인 해리엇 테일러가 떠오른다. 그는 『자유론』 서문에서 먼저 세상을 떠난 해리엇을 그리워하며, 그녀와 함께했던 사랑스럽고 아름다운 추억을 회상한다. 그리고 다음과 같은 문장을 전한다.

진리와 정의에 대한 높은 식견과 고매한 감정으로 나를 한없이 감화했던 사람, 칭찬 한마디로 나를 무척이나 기쁘게 해 주었던 사람, 내가 쓴 글 중에서 가장 뛰어나다고 할 수 있는 것은 모두 그녀의 영감에서 나온 것이기에 그런 글을 나와 함께 쓴 것이나 마찬가지인 사람, 함께했던 사랑스럽고 아름다운 추억, 그리고 그 비통했던 순간을 그리며 나

---

15. 존 스튜어트 밀, 『자유론』, 서병훈 옮김, 책세상, 2018, p. 130.

의 친구이자 아내였던 바로 그 사람에게 이 책을 바친다.[16]

『자유론』의 내용도 좋았지만, 개인적으로 서문의 내용이 참 멋졌다. 한 여자를 저렇게까지 사랑할 수 있다는 것이 놀랍다. 진정한 사랑꾼의 면모다. 밀은 스물넷에 만난 해리엇과 편지를 주고받으며 지적 교류를 이어 갔다. 하지만 유부녀인 해리엇과의 교류를 주변 사람들이 좋은 눈으로 바라봤을 리 만무하다. 주변의 따가운 시선을 견디며 20년 동안 지적 교류를 지속하던 밀은 해리엇의 남편이 사망한 후, 해리엇과 1851년 (이때 밀의 나이는 45세였다.) 결혼한다. 20대 청춘에 만나 오랜 기간 한 여자만을 바라본 밀의 사랑은 진정한 사랑이었을까, 문득 궁금해진다.

밀의 인생에서 해리엇과의 사랑도 눈길을 끌지만, 그의 윤택한 어린 시절에도 관심이 간다. 밀의 아버지는 자녀교육에 관심이 많았다. 아버지는 주변의 유명한 지식인을 아들에게 소개했고, 이들과 대화하며 밀은 자연스레 생각의 폭을 넓히게 되었다. 또한 밀은 아버지가 운영하던 동인도회사에서 근무하며 세계 각국의 지식과 문화를 다른 사람보다 쉽게 접할

---

16. 위의 책, p. 17.

수 있었다. 이런 환경이 밀의 사상이 발전하는 데 영향을 미쳤다고 생각한다.

『자유론』은 자유에 대한 밀의 생각을 적은 에세이 형태의 책이다. 생각과 토론의 자유, 개별성, 사회가 개인에게 행사할 수 있는 권한의 한계, 현실 적용의 문제를 다룬다. 그는 개별성이 존중될 때, 즉 자유로운 삶이 보장될 때 인간은 행복할 수 있다고 말한다. 밀은 인간의 이성과 가능성을 믿었으며 용기만 있다면 우리 인간은 스스로 자라고 발전하는 나무 같은 존재임을 강조했다.

나이는 숫자에 불과할 뿐

직장 동료들과 나눈 새해 인사 중, 한 동료의 말이 계속 귓가를 맴돈다.

"새해 복 많이 받아요. A 씨는 새해가 되어도 20대네. 너무 부럽다."

새해가 될 때마다, 이게 내 나이가 맞나 의심스럽다. 이런 내게 새해가 되어도 20대라는 동료의 말은 잠시 생각에 잠기게 했다. 젊음은 그 자체만으로도 예찬받을 자격이 충분하다.

어디서든 빛나는 법이니까. 30대까진 나도 20대의 젊음이 몹시 부러웠다. 그리고 온갖 노력을 기울여 20대처럼 보이고자 애썼다. 하지만 40대인 지금은 20대의 젊음이 그다지 부럽지 않다. 지금이 살아 본 나이 중 가장 맘에 든다. 젊은이들과 비교했을 때 아직까진 체력에서 크게 뒤처지지 않고(개인적 생각이지만), 직장과 가정에서도 어느 정도 안정되었기에 40대인 지금이 좋다.

하지만 나이 때문에 자연스레 포기하는 것들이 생겨 서러울 때도 있다. 예를 들면 친구와 밤새 수다 떨며 놀고 싶지만, 몸이 절대 따라 주지 않는다. 놀고 싶어도 놀 수 없는 나이가 되었다. 이뿐 아니다. 다이어트를 결심하고 며칠간 굶었는데 그 여파로 병원 신세를 져야 할 때도 있다. 예전에 했던 일들을 섣불리 했다가는 뒷일을 감당하기 어려운 나이가 되었다. 이런 내 모습과 마주할 때마다 나이 듦이 속상하다. 가끔은 내 능력을 나이와 연관해 생각할 때도 있다, 나이 때문에 할 수 없다고 스스로를 과소평가하며 시도조차 하지 않는다. 나이는 숫자에 불과함을 알지만, 나이 앞에 무너질 때면 서러움이 몰려온다.

이렇게 나이가 걸림돌처럼 느껴져, 도전을 망설이고 있다면 밀의 조언처럼 자신을 나무와 같은 존재라고 생각해 보면 어떨까. 할 수 있다는 용기를 갖고 일단 시작해 보자. 인간은 나무처럼 사방으로 뻗어 나갈 수 있는 강한 존재이다. 나이라는 숫자에 갇혀 스스로를 얕잡아 보지만, 우리는 무엇이든 할 수 있다. 지금 시작해도 절. 대. 로. 늦지 않았다.

앞으로 살아갈 날이 우리에겐 많이 남아 있다. 지금부터 하고 싶은 일을 포기하기에는 지나가는 시간이 너무 아깝다. 누군가는 마흔에 대학원에 입학한 내게 공부하기 너무 늦은 나이 아니냐고 의문을 제기할 수 있다. 하지만 나는 공부하기 딱 좋은 나이였다고 생각한다. 젊은 시절 철학책을 읽었더라면 스쳐 지나칠 문장이 많았을 텐데, 자연스레 겪어 온 삶의 크고 작은 풍파는 나이의 숫자만큼 철학책 속 공감 가는 문장의 수도 많아지게 했다. 그 덕에 글을 쓰게 되었고 인생 2막에 대한 기대도 살며시 하며 일상을 버티고 있다.

나이 때문에 도전을 망설이고 있다면, 늦었다고 생각하지 말고, 절대 망설이지 말고, 부디 용기 내 보시길 응원한다.

당신은 할 수 있다. 우리는 나무와 같이 사방팔방 뻗어 나가며 발전할 수 있는 귀한 존재이니까.

결혼을 고민하는 후배에게

알랭 드 보통 『불안』

"선배는 결혼할 때, 남편분과 결혼할 것 같다는 느낌이 들었어요?"라고 후배 A가 물었다. 느닷없는 후배의 질문에 대답을 망설이다 너무 오래전 일이라 기억이 가물가물하다고 얼버무렸다. 결혼할 것 같다는 느낌이 있었던 것도 같고 만나다 보니 어떻게 결혼까지 한 것도 같은데, 요즘 결혼을 진지하게 생각하는 후배 A는 이것저것 많은 질문을 한다.

후배는 서로의 통장을 모두 공개해야 하는지, 건강 검진을 함께 받아 봐야 하는지, 남자친구의 가정사를 어디까지 파악해야 하는지 등 결혼을 앞두고 내가 고민하지 않았던 세심한 부분까지 생각하고 있어 놀라웠다. 평생의 반려자를 찾는 과정이 쉽지 않음을 새삼 느꼈다. 후배와 이야기를 나누다 문득

64

이런 생각도 들었다. 사랑하기 때문에 결혼까지 생각하는 것 아닌가, 그 시절 나는 묻고 따질 것도 없이 함께 있는 것만으로도 너무 좋아서 결혼을 생각했는데 여러 가지 상황을 고려하는 후배의 사랑이 과연 진심일까 하는 의심도 생겼다. 곁에 없으면 죽고 못 살 것 같아서 시작한 결혼생활도 막상 살다 보면 삐그덕대고 온갖 난리를 겪기 마련이다. 그런데 시작하기도 전에 이것저것 재고 따지는 후배의 모습이 사랑하는 사람의 모습과는 거리가 있다고 느껴졌다.

결혼을 앞두고 세상이 환해 보이던 그 시절 내가 즐겨 듣던 노래가 있다. 가수 김종서의 「아름다운 구속」이다.

조금씩 집 앞에서, 널 들여보내기가 힘겨워지는 나를 어떡해. 처음이야 내가 드디어 내가 사랑에 난 빠져 버렸어.

이 사람과 반드시 결혼해서 아름답게 구속하고 구속당하고 싶었다. 정말 간절했다. 하지만 현실은 결코 아름다움만 있지 않았다. '결혼은 해도 후회, 안 해도 후회'라는 말이 정답이었다. 누가 한 말인지 모르지만, 명언이라 생각한다.

간절히 원하던 것을 소유했지만, 가진 자의 즐거움은 오래 가지 않는 법이다. 결혼뿐 아니라, 세상 모든 것들이 그렇다. 영원한 만족을 줄 수 있는 것은 이 세상에 존재하지 않는다.

현대인이 느끼는 소유에 대한 불안을 철학적 관점에서 설명한 철학자가 있다. 스위스에서 태어난 철학자이자 소설가 알랭 드 보통(Alain de Botton, 1969년~)이다. 그는 『불안(Status Anxiety)』에서 다음과 같은 말을 전한다.

우리는 어떤 것을 이루고 소유하면 지속적인 만족이 보장될 것이라 믿고 싶어 한다. 행복의 가파른 절벽을 다 기어 올라가면 넓고 높은 고원에서 계속 살게 될 것이라고 상상하고 싶어 한다. 정상에 오르면 곧 불안과 욕망이 뒤엉키는 새로운 저지대로 다시 내려가야 한다고 말해 주는 사람은 드물다.

인생은 하나의 불안을 다른 불안으로 대체하고, 하나의 욕망을 다른 욕망으로 대체하는 과정으로 보인다. 그렇다고 불안을 극복하거나 욕망을 채우려고 노력하지 말아야 한다는 이야기는 아니다. 노력은 하더라도 우리의 목표들이 약속하는 수준의 불안 해소와 평안에 이를 수 없다는 것쯤은

알고 있어야 한다는 뜻이다.[17]

알랭 드 보통은 일상의 삶을 철학적으로 사유하고 현대인이 느끼는 삶의 고민을 철학적 관점에서 비교적 쉽게 해석했다. 불안과 초조함을 늘 곁에 두고 살아가는 사람이기에, 『불안』이라는 책의 제목은 보는 순간 내 눈길을 사로잡았다. 그는 인간을 불안하게 만드는 다섯 가지 원인과 다섯 가지 해법을 소개한다. 공감 가는 부분도 있었고 이런 방법으로 불안을 해소할 수 있을까 받아들이기 어려운 부분도 있었다. 하지만 책을 읽는 동안 불안이라는 감정에 대해 깊이 있게 생각해 볼 수 있어 유익했다.

이 책에서 알랭 드 보통은 우리의 삶은 늘 불안하다고 말한다. 지금 느끼는 불안한 감정이 해소되더라도 또 다른 불안이 찾아오며 사는 동안 불안을 완벽하게 덜어 내기란 어렵다고 말한다. 우리는 죽는 순간까지 불안과 함께해야 할 운명인 셈이다.

---

17. 알랭 드 보통, 『불안』, 정영목 옮김, 은행나무, 2011, p. 247.

불안을 겪지 않았다면 생각할 수 없는 것들

결혼생활을 10여 년 넘게 해 보니 결혼생활은 굴곡 가득한 그래프와 같았다. 이렇게 좋을 수 있을까 싶을 정도로 끝이 보이지 않는 상승선을 그리다가도 언제 그랬냐는 듯 갑자기 밑바닥으로 추락한다. 그리고 가끔은 서로에게 찐득한 상처를 주기도 한다. 시간이 지나고 나면 서운함도 속상함도 사랑의 다른 표현이었음을 깨닫지만 깨달음은 잠시뿐이다. 상승과 하강을 반복하는 결혼생활은 불안의 연속이다.

불안의 과정을 수차례 반복하다 보면 어느 순간 남편과의 사랑에 동료애가 더해진다. 없으면 허전하고 눈에 보이지 않으면 걱정되고 아픈 모습을 보면 짠해져 눈물이 맺힌다. 이런저런 과정을 겪으며 불안을 견뎠고, 사랑은 견고해졌다. 함께 견뎌 온 세월이 쌓이며 결혼생활이 안정기에 접어든 기분이다. 이제는 정(情) 때문에 헤어지지 못하는 지경에 이르렀다. 여기에 이르기까지는 오랜 시간과 인내심이 필요하다. 불안을 겪지 않았다면 도달할 수 없는 경지다.

결혼이라는 인생의 큰 변환점 앞에서 불안해하는 후배의 마음도 이해하지만 일어나지 않을 일에 대한 걱정 때문에 크게 고민하지 않았으면 좋겠다는 생각도 든다. 알랭 드 보통의 말처럼 어차피 인생에서 불안을 완벽히 덜어 내기란 어려운 법이니까. 불안은 우리와 영원히 함께할 운명의 단짝이다. 그러니 불안이 찾아왔다고 너무 걱정하지 말자.

순도 100퍼센트의 만족과 행복이 어디 있겠는가. 갈등과 불행을 견뎌 본 사람만이 진정한 행복을 느낄 수 있는 법이다. 결혼도 마찬가지다. 운명이 건네준 불행을 혼자가 아닌 둘이 함께 견뎌 내며 불안을 극복하고자 노력한다면 둘의 사랑만으로도 결혼은 충분히 축복이 될 수 있을 것이다.

결혼을 앞둔 후배 A가 사랑 때문에 어쩔 수 없이 이 사람과 결혼할 수밖에 없었다며 청첩장을 건네길 기다려 본다.

자유가 불편한 감정으로 다가올 때

에리히 프롬 『자유로부터의 도피』

엄마로 산 지 어느덧 17년이 지났다. 익숙해질 때도 되었건만 나는 아직도 내가 엄마라는 것이 참 낯설다. 엄마가 되고 가장 낯설고 힘들었던 건 자유의 상실이다. 사소한 것조차 내 마음대로 할 수 없었다. 친구와의 약속을 잡을 때도 남편에게 아이를 돌봐 줄 수 있는지 물으며 일정을 조율해야 했고, 퇴근 후 여가생활은 사치였다. 하루만이라도 육아와 가사에 대한 걱정을 내려놓고 자유부인이 되고 싶었다.

그러던 어느 날, 자유를 갈구하는 내게 남편은 기막힌 묘안을 제시했다. 한 달에 한 번, '엄마의 날'을 만들어 내게 자유를 선물하겠다는 것이었다. 육아와 잡다한 가사에서 해방되어 하루 동안 하고 싶은 일을 마음껏 하며 자유롭게 지내라는 남편의 제안이 고마웠다. 나는 자유부인이 될 수 있는 '엄마의 날'을 갖게 되었다.

그토록 원하던 자유시간이 내게도 생겼다. 계획을 촘촘하게 세워 그동안 못 했던 일을 마음껏 하겠다는 의지에 불탔다. 하고 싶은 일을 적어 리스트를 만들고 하나씩 실천하며 자유부인의 삶을 즐겼다. 처음에는 자유가 주어지니 무엇을 하지 않아도 그 시간 자체가 좋았다. 억압된 감정에서 해방되었다는 기분만으로도 즐거웠다.

하지만 자유부인의 삶이 반복되면서 고민이 시작됐다. 자유시간이 부담으로 다가오기 시작한 것이다. 이 시간에 무엇을 하며 시간을 보낼지 고민하는 것 자체가 나를 옥죄는 기분이었다. 자유를 원해서 자유가 주어졌는데, 무엇을 해야 할지 몰라 망설이고 주저하는 모습이 자유롭지 못하다는 생각이 들며 머리가 복잡해졌다. 자유롭고 싶다는 말을 입에 달고 살며 자유를 갈구했건만, 정작 자유시간이 주어지니 애써 외면하고 싶어졌다. 인간의 마음은 알다가도 모를 일이다.

주어진 자유시간을 제대로 활용하지 못해 방황하는 내게 에리히 프롬은 말한다. 그는 자유가 주어졌음에도 불안해하는 사람들을 향해 『자유로부터의 도피(Escape from Freedom)』 2장 「개인의 출현과 자유의 다의성」에서 '개체화 과정의 다른 측면은 고독의 증대'라고 말하며 자유의 특성을 다음과 같이 설명한다.

> 원초적 유대는 외부 세계와의 기본적인 통합과 안도감을 준다.
>
> 개인의 존재에 비하면 압도적으로 강하고 힘센 세계, 때로는 위협적이고 위험하기도 한 세계와 이렇게 분리되는 것은 무력감과 불안감을 낳는다. (중략) 개인이 되면 혼자 서서, 세계가 지니고 있는 위험하고 압도적인 모든 측면과 맞서야 한다.[18]

『자유로부터의 도피』는 프롬이 1941년 출간한 책이다. 프롬은 1900년 독일에서 태어나, 우울증을 앓는 어머니와 병적으로 걱정이 많은 아버지 밑에서 외동아들로 성장했다. 어린 시절 그의 유일한 탈출구는 변호사였던 삼촌 에마누엘과 함께하는 시간이었다. 삼촌은 프롬에게 다양한 문화를 소개해 주었고 프롬은 그의 영향을 받아 법학 공부를 시작했다. 공부를 이어 가던 중 사회학과 정신의학에 관심이 생긴 프롬은 심리

18. 에리히 프롬, 『자유로부터의 도피』, 김석희 옮김, 휴머니스트, 2020, p. 46~47.

치료소를 세워 인간의 내면과 정신세계에 대해 깊이 있는 연구를 진행했다.

『자유로부터의 도피』는 출간 후, 여러 언어로 번역되며 전 세계인의 주목을 받았다. 오랜 시간이 지난 지금까지도 사람들의 많은 관심을 받는 걸 보면, 자유는 모든 사람이 갈망하지만 획득하기 어려운, 인간이 평생 안고 가야 할 과제라는 생각이 든다.

프롬은 『자유로부터의 도피』에서 민주주의 사회에서 어떻게 파시즘이 주목받게 되었고 사람들의 지지를 얻게 되었는지를 비교적 자세하게 분석했다. 끊임없이 자유를 갈망하면서도 자유에서 벗어나고자 하는 복잡 미묘한 인간의 심리 또한 날카롭게 지적했다. 그는 자유가 주어졌지만 망설이고 불안해하는 사람들의 모습을 유심히 관찰하며 자유에 대해 깊이 있게 탐구했다.

프롬은 자유를 얻고 개체화된 인간은 자유의 대가로 불편한 감정을 느끼게 되었다고 설명한다. 위험한 세계에 혼자 맞서야 한다는 두려움, 타인과 함께 있을 때 느끼지 못했던 고립감 등은 인간을 불안하게 만든다고 주장한다. 이러한 불편한 감정에서 벗어나고자 사람들은 자유를 포기하고 타인에 대한 복종이나 가학적 행동을 선택하며 자유로부터 도피하게 된다고 말한다. 자유에 대한 그의 날카로운 분석을 듣고 있으면 현대인이 느끼는 복잡한 심리가 꽤 고단하게 느껴진다.

자유가 축복이 되길

자유를 삶의 당연한 이치로 생각하고, 작은 불편함에 투덜대는 축복 같은 시대에 살고 있음에 감사하다. 지금의 삶이 있기까지 역사 속 보이지 않는 곳에서 애썼을 수많은 사람의 노력을 알기에 자유가 낯설고 무력하게 느껴질 때면 자유를 얻고자 애쓴 분들께 미안한 마음마저 든다. 우리는 자유롭고 싶다고, 마음껏 개성을 뽐내며 살고 싶다고 외친다. 그러다가도 문득 타인들이 정해 둔 방식에 순응하지 못해 고립될까 두려워하기도 한다. 그토록 원하던 자유가 두려움과 불안함을 가져와 불편해질 때면, 자유는 무엇이며 자유를 얻기 위해 어떻게 살아야 하는지 고민스럽다.

간절히 염원하던 자유시간이 생겼지만, 불편한 감정 때문에 고민하던 나는 결국 자유부인의 삶을 포기했다. 하지만 여유가 생길 때면 하고 싶었던 일을 잠깐씩 하며 숨을 돌렸다. 그럭저럭 틈새 시간 속에서 자유를 즐기다 보니, 마냥 어리던 아이들은 혼자 할 수 있는 일들이 하나둘 늘어났다. 그들의 성장과 비례하듯 내게도 자연스레 자유시간이 늘어났다. 그 덕에 지금은 압박감 없이 편안한 자유를 누리고 있다.

자유시간을 어떻게 보내야 할지 고민하다 자유에 대한 강박을 내려놓은 나처럼, 자유를 위해 무언가 해야 한다는 억압과 기대를 조금 내려놓으면 어떨까. 우리를 억압하는 불편한 감정에서 조금씩 가벼워지면 자유는 분명 축복이 될 수 있다.

자유에 지나치게 얽매이지 말고 자연스럽게 자유의 소중함을 느끼자. 느긋하고 차분한 마음으로 자연스럽게 자유를 즐기면, 자유로부터 도피하고 싶은 불편한 감정도 희미해질 것이다.

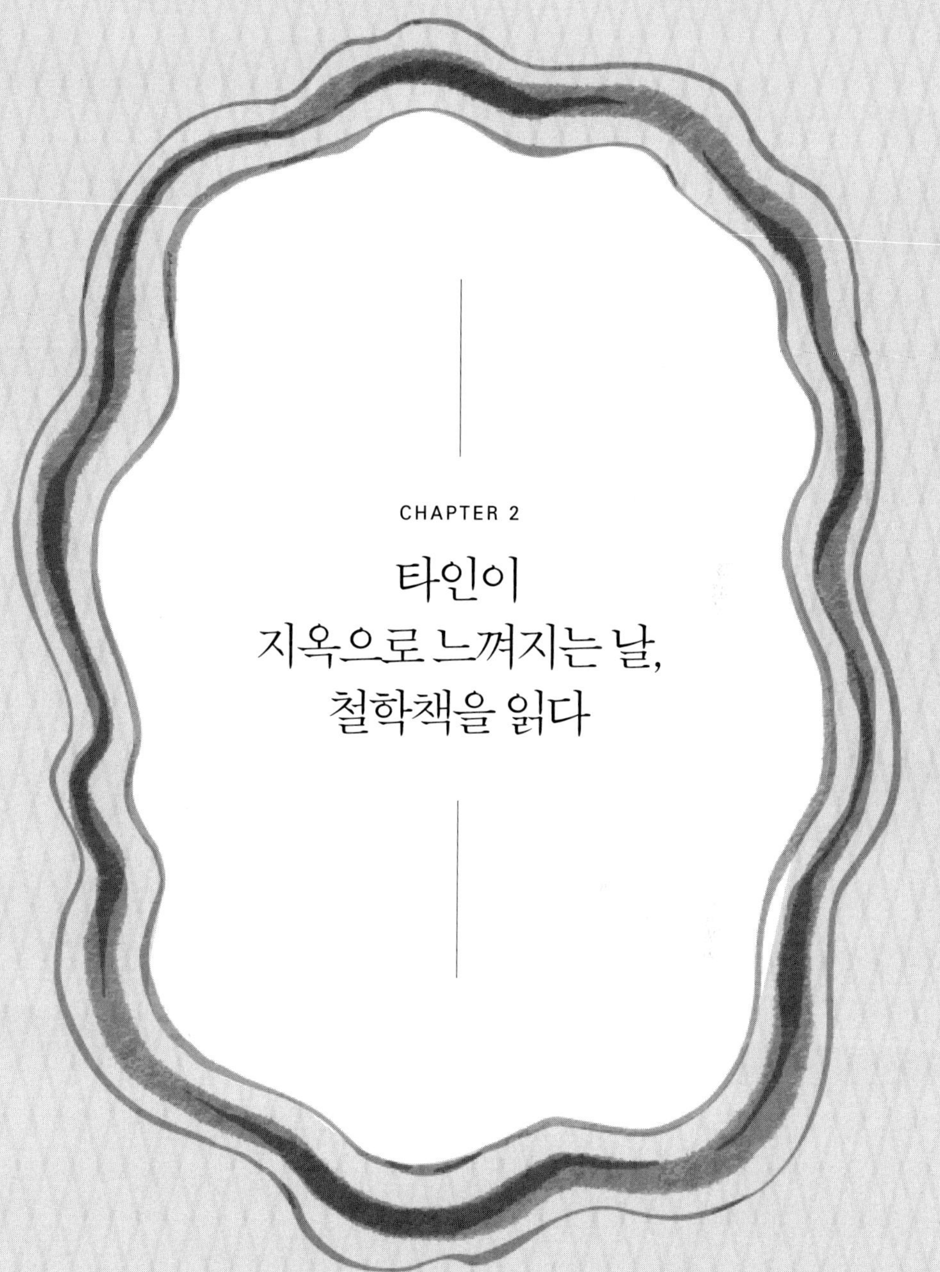

CHAPTER 2

타인이
지옥으로 느껴지는 날,
철학책을 읽다

오지라퍼[19] 탈출기

마르쿠스 아우렐리우스 『명상록』

무의식적으로 말하고 행동하다 내게서 꼰대의 모습이 보일 때가 있다. 특히 나이를 앞세워 '나 때는 말이지'라는 생각이 튀어나오며 타인의 일에 간섭하려 할 때면 마음속으로 '정신 차려!'라고 외친다. 젊은 시절 나이를 앞세워 오지랖 넓은 관심을 보여 주셨던 선배들의 모습이 유쾌한 기억으로 남아 있지 않기 때문이다.

선배들은 폭넓은 분야에서 도 넘은 관심을 보여 주셨다. 헤어스타일과 옷차림부터 급여 이체 은행 선정과 저축 및 보험

---

19. '오지랖'에 '~를 하는 사람'을 뜻하는 영어 접미사 'er'을 더한 말로, 오지랖이 넓은 사람, 즉 남의 일에 지나치게 상관하는 사람을 의미한다.

에 대한 코칭까지. 그리고 때론 내 업무 스타일과 성격 등 민감한 부분까지 세심하게 조언해 주셨다. 세심한 조언은 가끔 선을 넘어 기분을 상하게 할 때도 있었다. 선 넘은 조언 폭탄을 들을 때면, 마음속으로 끊임없이 '제발 신경 좀 꺼 주세요. 제가 알아서 할게요!'라고 외쳤다. 그리고 한편으로는 조언을 경청하지 못하는 나의 태도에 문제가 있는 건 아닌지, 내가 이상한 사람이 된 것 같아 불편한 마음이 들기도 했다. 그래서 타인의 일에 간섭하고 싶은 오지라퍼의 말과 행동이 나도 모르게 툭툭 튀어나올 땐 정신줄을 바짝 동여맨다.

나이를 채워 가며 우여곡절로 다져진 인생 근육은 타인의 삶에 간섭하고 싶다는 욕구를 갖게 한다. '이 순간에 저렇게 행동하면 후회하는데, 저 사람하고는 극단적 상황까지 안 가는 게 좋을 텐데.'라며 인생 후배들의 삶에 개입하고 싶어진다. 내가 그토록 싫어했던 선배들의 잔소리를 후배에게 똑같이 하려 한다. 맙. 소. 사.

인생은 자신이 직접 겪어 보고 느껴 봐야 알 수 있다. 본인이 겪어 보기 전에는 누구의 말도 귀에 들리지 않는 법이다. 그리고 자신이 정한 기준으로 타인의 인생을 재단할 수도 없는 노릇이다. 내가 그 시절 선배들의 조언을 듣고 답답한 마음에 두 귀를 틀어막았듯이, 내가 전하는 진심 어린 충고를 후배들은 잔소리로 들을 것이다. 오지라퍼가 되어 타인의 일에 개입하고 싶어질 때는 마르쿠스 아우렐리우스(Marcus Aurelius Antoninus Augustus, 121년~180년)가 전한 『명상록(Ta eis heauton)』 속 문장을 읽어 본다.

> 공공의 이익을 위한 일이 아니라면 굳이 다른 사람의 일에 관여하는 데 인생을 허비하지 마라. 누가 무엇을 왜 하는지 다른 사람의 말이나 생각이나 계획 따위에 관심을 빼앗기다 보면, 정작 자기를 다스리는 내면의 소리에 대한 집중력이 흐트러져 다른 일들을 할 수 있는 기회를 놓치고 말 것이다.[20]

마르쿠스 아우렐리우스는 로마 제국의 제16대 황제(재위 161년~180년)였다. 그가 살던 시대는 경제적·군사적으로 어려운 시기였고 페스트의 유행으로 제국이 피폐하던 때였다. 로마 제국의 황금기가 저물어 갈 무렵 황제가 된 마르쿠스 아우렐리우스는 전쟁터에서 여러 해를 보내며 틈틈이 글을 썼다.

---

20. 마르쿠스 아우렐리우스, 『아우렐리우스의 명상록』, 이현우·이현준 엮고 옮김, 메이트북스, 2020, p. 139.

인생과 우주, 자연의 이치 등을 일기 형식으로 기록했고, 그의 이러한 기록을 후대 사람들이 모아 『명상록』이라고 이름 붙였다.

개인적으로 마음이 불편할 때 펼쳐 보는 책들이 몇 권 있는데 그중 하나가 『명상록』이다. 가볍게 읽기도 좋고, 생각이 복잡할 때 읽으면 마음이 정돈되는 기분이 든다. 성경의 잠언과 유사한 문장이 많은 편이라 마치 사랑과 관용을 외친 종교서를 읽는 느낌도 든다.

『명상록』은 인간관계에서의 처세법, 죽음을 대하는 자세, 의미 있는 삶을 만들기 위한 방법을 짧고 강한 문장으로 소개한다. 문장이 짧은 편이라 비교적 쉽게 읽히기 때문에 처음으로 철학책을 읽으려는 사람에게 추천하고 싶다. 메모지에 적어 두고 수시로 들춰 보고 싶을 만큼 좋은 문장이 많아, 문장만 주워 모아도 책의 모든 내용을 수집한 것 같다.

수집한 문장을 들여다보면서 마르쿠스 아우렐리우스는 알수록 괜찮고 매력적인 사람이라는 생각이 들었다. 황제가 되어서도 학문에 대한 열정으로 책을 가까이했던 점과 황제의 지위에 있으면서도 노예였던 스토아 철학자 에픽테토스의 가르침을 받아들인 점을 미루어 보아, 그는 깨어 있는 사람이 아니었나 싶다.

내 인생에 집중하기에도 버거운 삶

나이가 들면서 곱게 늙고자 다짐한 철칙이 몇 가지 있다. 그중 하나가 말을 많이 하지 않는 거다. 차곡차곡 다져진 인생 근육은 가끔 쓸데없는 데 힘을 쏟게 한다. 아무도 궁금해하지 않는데 지나치게 치밀한 설명을 하거나 사사건건 간섭하고 훈계하는 행동은 사람을 질리게 만든다. 마치 뙤약볕에 서서 듣던 교장 선생님의 훈화 말씀처럼. 나이가 들수록 말수가 적은 게 미덕이라 생각한다. 특히 '나 때는 말이야'라는 생각에 엉뚱하고 장황한 말들이 튀어나올 것 같을 땐, 더욱 조심하려 노력한다.

타인의 일에 간섭할 만큼 나는 뛰어나고 대단한 삶을 살고 있지 않다. 하루하루 버티는 내 삶도 버거운데 누구의 인생에 간섭할 수 있겠는가. 몇 년 먼저 태어나서 인생을 살아 봤다고, 비슷한 상황을 조금 먼저 경험해 봤다고 내 이야기가 인생의 정답이 될 수 없다. 인생의 정답은 본인만이 찾을 수 있다. 내 인생은 나의 것. 네 인생은 너의 것. 이것이 불변의 법칙이다.

나이가 들면서 가끔은 내 삶에 깊숙하게 개입하여 다양한 조언을 아낌없이 해 주시던 오지라퍼 어른들의 말씀이 생각날 때도 있다. 만약 그때 그분들의 오지랖 넓은 조언을 받아들였다면 내 인생은 달라졌을지 궁금하다. 하지만 이런 생각조차 시간이 지나고, 경험으로 깨달은 것이다.

마르쿠스 아우렐리우스의 조언처럼 타인의 행동이 공공이 추구하는 보편적 가치에 어긋나지 않는다면 그 사람이 감당하도록 내버려두자. 지나친 간섭은 관심이 아니라 독이 될 뿐이다. 꼰대의 욕구가 싹터서 잔소리 폭탄을 날리는 오지라퍼가 될 것 같다면, 마르쿠스 아우렐리우스의 말을 떠올리며 자신에게 집중하는 시간을 갖자. 내 인생에 집중하기에도 버거운 것이 우리의 삶이니까.

평범한 이웃의 기준

노자 『노자』

몇 번의 이사를 거치며 평범한 이웃을 만나는 것이 큰 복임을 깨달았다. 특히 어린아이를 두 명이나 키우다 보니 층간소음, 벽간소음 등 세상에 존재하는 모든 소음에 극도로 예민해져서 이웃의 존재는 내게 몹시 중요했다. 집을 보러 갈 때면 아랫집, 옆집을 유심히 관찰하고 새롭게 만날 이웃을 대강 추측했다. 이웃이 될 집 앞에 아이 자전거나 킥보드가 세워져 있을 땐 묘한 동질감이 들며 막연한 기대감도 생겼다. 현재 거주 중인 사람들에게도 "이웃들은 어떠세요?"라고 조심스럽게 물어보았다. 부동산 중개인에게도 이웃과 관련해 알고 있는 정보는 뭐든 알려 달라고 떼를 썼다. 하지만 이웃이 어떤 사람들인지는 직접 살아 봐야 알 수 있었다. 어떤 이웃을 만나느냐는

복불복이다.

아침부터 요란한 소리에 현관문을 열어 보니 앞집 사람들이 분주하게 이사 준비를 하고 있었다. 오가며 인사하는 것이 전부였음에도 이웃이 떠난다니 서운했고 이웃을 떠나보내기 싫었다. 심지어 이웃이 이사 가는 곳을 알아내서 나도 같이 따라가고 싶었다. 이런 생각까지 하게 된 것은 이웃과 쌓은 정 때문이 아니라, 그동안 이웃이 보여 준 평범함 때문이었다. 이웃은 내 기준에서 볼 때, 특이한 점이 없었고 지극히 평범했다. 그 평범함 때문에 이웃을 떠나보내기 아쉬웠다. 그리고 새로 만날 이웃이 평범하지 않을까 몹시 두려웠다.

드디어 새로운 이웃을 만났다. 첫인상이 중요한 법이다. 이웃에게 친절함을 가득 담아 인사를 건넸다. 하지만 이웃은 내 인사를 무시했다. 마스크에 가려져 목소리가 들리지 않았던 모양이라 생각하며 스스로를 위로했다. 며칠 뒤 엘리베이터에서 새로운 이웃을 다시 만났다. 이웃과 나 둘뿐이었다. 나는 먼저 인사를 건넸다. 그런데 이웃은 이번에도 내 인사를 무시했다. 기분이 좋지 않았다. 좋지 않은 정도가 아니라 불쾌했다. 그 뒤로 나는 두세 번 정도 먼저 인사를 건넸고, 내 인사는 보란 듯이 계속 무시당했다. 인사하는 나만 바보가 된 것 같아 뒤돌아 씩씩대며 인사를 건네지 않겠다고 다짐했다. 이웃도 당연히 내게 인사하지 않았다. 서로 알지만 모르는 척할 뿐이다. 하지만 난감한 순간이 존재한다는 게 함정이다. 같은 층을 누른 이웃과 엘리베이터 안에 둘이 있을 때면 참 난감하다. 난감하다기보다 불편하다는 말이 더 어울릴 것 같다. 누군가와 불편한 관계가 되는 걸 반기지 않는 나는 이 상황을 견디기 어렵다. 앞으로 이런 날들이 많을 텐데 계속 이렇게 불편하게 지내야 하나 고민이다.

나의 불편한 마음을 노자(老子, 생몰년 미상, 기원전 6세기경 활동)는 이렇게 위로한다.

천하 사람들이 모두 아름다운 것을 알 수 있는 까닭은 바로 추한 것이 있기 때문이다.

천하 사람들이 선한 것을 알 수 있는 까닭은 바로 착하지 않은 것이 있기 때문이다.

그러므로 유(有)와 무(無)는 상생(相生)하며, 어려운 것과 쉬운 것은 서로 어울려 형성되고, 긴 것과 짧은 것도 서로 비교하여 대조하며, 높은 것과 낮은 것도 서로 기댄다. 음과 소리는 서로 어울려 조화를 이루고, 앞과 뒤는 서로 이어진다.[21]

---

21. 노자, 『도덕경』, 소준섭 옮김, 현대지성, 2019, p. 25~26.

노자는 춘추시대 초나라의 철학자로, 성은 이(李), 이름은 이
(耳)다. 그는 우주 만물에 대하여 고민하며 세상의 근본 이치를
'도(道)'라고 불렀다. 그의 사상을 언급할 때 빠질 수 없는 것이
'무위자연(無爲自然)'이다. 무위자연이란 억지로 무언가를 꾸미지
않은, 있는 그대로의 모습을 말한다. 무위자연을 강조한 노자
는 인위적으로 얽매이지 않고, 억지로 행하지 않으며, 있는 그
대로 자연스럽게 살아갈 것을 강조했다. 그리고 이런 삶을 추
구할 때, 우주의 진리인 도에 이를 수 있다고 생각했다.

처음 노자의 사상을 접했을 때, 이해하기 힘들었다. 도대체
도가 무엇인지, 무위자연이 어떻다는 건지 받아들이기 어려웠
다. 하지만 나이가 들수록 그의 사상을 조금씩 이해할 수 있게
되었다. 살다 보니 사람의 힘으로 안 되는 일도 많았다. 그리
고 억지로 무언가 하고자 하면 오히려 일을 그르칠 수 있다는
것도 알게 되었다. 자연의 순리를 따르는 것이 가장 현명한 방
법이 될 수 있다는 삶의 진리도 깨달았다. 한 해, 두 해 나이가
들어갈수록 무위자연의 의미를 이해하게 되었다.

세상에 정해진 기준은 없다

내 마음속에는 언젠가부터 강고하게 자리 잡은 잣대가 몇

가지 있다. 그리고 그 잣대로 정상과 비정상을 구분하며 내가 정한 기준에 맞지 않으면 상대방과 거리를 둔다. 그러나 인생을 조금 멀리서 바라본다면 정상과 비정상의 구분은 무의미하며 둘을 구분하는 명확한 기준도 존재하지 않는다는 것을 알 수 있다.

이웃을 대하는 나의 사고방식 또한 어찌 보면 융통성 없는 꽉 막힌 생각일 수 있다. 이웃은 인사를 하지 않는 것이 편할 수 있고, 나는 인사를 하는 것이 편하다. 둘의 사고방식은 다를 뿐이다. 인사를 한다고 착한 사람이고, 인사를 하지 않는다고 악한 사람은 아니다. 우리가 착하다고 여기는 행동도, 이웃에게 꼭 인사를 건네야 한다는 것도 틀에 박힌 고정된 사고가 낳은 산물일 수 있다. 선악의 기준도 사람마다 다르며 어느 것이 올바른 삶이라고 강요할 수 없다. 그러니 인사를 먼저 하는 것도 인사를 받아 주는 것도 어떤 것이 옳다고 말할 수 없는 것이다. 인사를 하는 것이 이웃이 반드시 지켜야 할 도리가 아니듯, 인사를 받는 것도 이웃이 반드시 지켜야 할 도리가 아닐 수 있다.

쓸데없는 감정 소비를 자책하듯 몇 달 동안 지켜본 이웃은 평범했다. 인사를 무시당한 내 마음만 불편했을 뿐이다. 높은 음과 낮은 음이 조화되어 멋진 음악을 만들어 내듯 이 세상에는 이런 사람도 있고 저런 사람도 있는 법이다. 노자의 문장을 곱씹어 생각하니, 계속 인사를 건넸던 내가 이웃을 불편하게 했을 수 있겠다는 생각도 들었다. 사람 맘은 모르는 법이니까. 세상을 살아가기 위해서는 가끔 사고의 전환도 필요하다.

"세상에 정해진 기준은 없다."는 노자의 말은 불편했던 감정을 위로하며 내게 좀 더 유연한 사람이 되길 권했다. 인사를 하지 않아도 우리는 충분히 좋은 이웃이 될 수 있다. 새로 만난 이웃과 정답게 인사를 나누며 안부를 묻진 않지만, 나는 이웃과 잘 지내고 싶다. 이웃과 둘이 타는 엘리베이터 안의 공기는 여전히 애매하고 불편하다. 하지만 인사가 이웃과 지켜야 할 필수 요소가 아니라고 생각하니 예전보다 불편함의 온도는 조금 낮아졌다.

타인을 바라보는 기준은 우리 스스로 만들어 냈을 가능성이 크다. 조금만 세상을 멀리 내다본다면 세상과 타인을 옳고 그름으로 구분하는 객관적 기준이 없다는 것을 알게 될 것이다. 그 진리를 깨닫는 순간, 타인을 향한 불편한 마음을 조금은 덜어 낼 수 있지 않을까.

험담하는 사람에게 웃으며 대처하는 방법

이이 『격몽요결』

세상 사람들이 내게 매번 좋은 말만 들려주면 좋겠지만 그럴 수 없다는 것을 잘 안다. 좋은 말보다는 가시 돋친 말을 들을 때가 더 많고, 타인이 전하는 은밀한 쑥덕거림 때문에 기분이 상할 때도 있다. 좋은 말은 기억에서 금세 사라지지만 좋지 않은 말은 작은 것까지 긴 시간 기억에서 떠나지 않는다. 잊고 싶은데 잊히지 않고 귓가를 맴돌며 나를 괴롭게 하는 말들이 있다.

욕 안 먹고 사는 사람이 어디 있겠냐마는 욕먹고 기분 좋은 사람 또한 없다. 좋지 않은 말이 귀에 들어오는 순간 몸과 마음은 재빠르게 반응한다. 손발이 떨리며 마음속에 어렵게 잠재워 둔 화가 끓어오르기 시작한다. 끓어오른 화는 곧 폭발할

기세다. 좋지 않은 말은 걸러서 듣고 무시해야 하는데, 알면서도 좀처럼 마음이 다스려지지 않는다. 들려오는 모든 소리에 신경 쓰지 않겠다고 다짐하지만, 귓속 거름망이 고장 난 것 같다. 고장 난 거름망은 마음까지 상하게 한다. 나이가 들면 적절하게 대처할 수 있으리라 생각했는데, 나이가 들어 험담이나 욕을 들으니 기분이 더 불쾌하다.

타인이 무심코 건넨 말에 괴로워하는 내게, 율곡 이이(李珥, 1536년~1584년)는 좀 더 단단한 사람이 되어 보길 권한다. 그는 상처받지 말라며 다음과 같은 문장을 들려준다.

> 거짓된 비난은 바람이 귀를 스쳐 가는 것과도 같고, 구름이 공중에 지나가는 것과 같은 것이니 나와 무슨 상관이 있겠는가?
>
> 대체로 이와 같이 헐뜯고 비난하는 말을 듣게 되더라도 비난받을 일이 있을 때는 그것을 고치고, 비난받을 일이 없을 때는 더욱 바르게 힘쓴다면 나에게 이롭게 되지 않는 일이 없을 것이다.[22]

---

22. 이이, 『격몽요결』, 김학주 옮김, 연암서가, 2013, p. 205.

율곡 이이는 조선의 성리학자이다. 율곡을 생각하면 그의 어머니 신사임당이 떠오른다. 신사임당은 남아선호 사상이 짙던 조선시대에 딸만 있는 집안에서 태어났다. 하지만 신사임당의 아버지는 딸들에게도 유교 경전과 성리학을 가르쳤다. 덕분에 신사임당은 덕과 학식을 갖춘 훌륭한 여인으로 성장할 수 있었다. 이런 신사임당 밑에서 자란 율곡은 어린 시절부터 무척 총명했다. 하지만 어머니의 잦은 병치레는 율곡의 근심을 깊게 만들었다. 결국 율곡의 나이 16세(1551년)에 신사임당은 세상을 떠난다. 어머니 신사임당의 오랜 병환과 죽음은 그에게 심적, 정신적 충격을 주었다. 어머니의 죽음 앞에서, 그는 사람이 왜 태어나고 죽는가에 대해 고민하며 한동안 방황했다. 예민함이 절정에 있을 나이에 경험한 어머니의 죽음이 어떤 의미로 다가왔을지 짐작되기에 그의 삶이 안쓰럽게 느껴진다.

『격몽요결(擊蒙要訣)』은 율곡이 학문을 처음 시작하는 후학들을 위해 집필한 학습서이다. '격몽(擊蒙)'은 '어리석고 이치를 따르지 않는 자를 깨우치거나 징벌한다'는 뜻을 담고 있다. 「입지(立志, 뜻을 세우는 법)」, 「혁구습(革舊習, 옛 습관을 고치는 법)」, 「지신(持身, 몸가짐을 올바르게 하는 법)」, 「독서(讀書, 책을 읽는 법)」, 「사친(事親, 어버이를 섬기는 법)」, 「상제(喪制, 상을 치르는 법)」, 「제례(祭禮, 제사를 지내는 법)」, 「거가(居家, 집안을 다스리는 법)」, 「접인(接人, 인간관계에서의 바람직한 처신)」, 「처세(處世, 관직에 나아가는 법과 관직생활에서의 바람직한 처신)」의 10장으로 구성되어 있으며, 공부를 시작하기 전에 갖추어야 할 몸가짐과 마음가짐에 대한 내용이 주를 이룬다.

『격몽요결』을 찬찬히 읽다 보니, 요즘 아이들이 읽으면 좋겠다는 생각이 들었다. 주변을 둘러보면 나이답지 않게 똑똑한 아이들이 참 많다. 수를 헤아릴 수 없을 정도로. 하지만 그들에게 왜 공부를 하는지 물으면 쉽게 답하지 못한다. 심지어 공부만 잘하면 모든 게 용서된다는 희한한 생각도 한다. 이런 아이들에게 무의미한 공부를 강요하기보다는 더 나은 미래를 위해 왜 공부를 해야 하는지 율곡 선생님과 함께 고민해 보는 것도 좋을 것 같다.

바람과 함께 잊어버리길

나는 극도로 소심한 성격을 가졌다. 이런 성격 탓에 내 얘기를 누군가 하면 곰곰이 되풀이해서 여러 번 생각한다. 이야기를 건넨 상대방의 말과 행동, 몸짓, 눈빛 그리고 문장 속 숨은 의미까지 파악하여 가슴에 차곡차곡 담아 둔다. 그리고 속상해한다. 좋지 않은 버릇임을 알지만, 그래서 고쳐 보려 노력하지만 40대 중반임에도 고치지 못했다. 이 버릇을 지속하다 보면 다양한 부작용이 나타난다. 두통이 시작되고 억울함에 눈물샘이 터진다. 활발했던 미각은 기능을 상실하고, 불면증까지 생긴다. 그러다 마지막엔 험담을 건넨 상대방에 대한 저주의 마음이 싹트며 삶은 피폐해진다. 누군가 건넨 한마디의 말이 내 인생에 미치는 파급력은 이토록 강력하다. 악의 없이 무심코 건넨 말일 수도 있는데, 걸러 듣지 못한 나는 내 소중한 시간을 갉아먹은 채, 힘들어한다.

앞에서 소개한 문장은 『격몽요결』 제9장 「접인」에 등장하는 말이다. 율곡은 자신을 헐뜯고 비난하는 말을 들었을 때 우선 자신에게 잘못이 없는지 생각할 것을 권한다. 그리고 행여나 그 비난이 거짓이라면(여기서의 거짓은 부족한 인간들이 저지르는 잘못된 헛소문을 뜻하는 것 같다.) 바람이 귀를 스쳐 가듯이, 구름이 공중을 지나가듯이, 잊어버리라고 한다. 참, 멋진 말이다. 보고 또 보고 계속 봐도 좋은 문장이라 생각한다.

세상에는 곱씹어 생각할수록 감정을 자극하는 듣기 싫은 말들이 있다. 부정적이고 거짓된 말은 율곡의 조언처럼 바람이 귀를 스치듯이, 구름이 공중을 지나가듯이 잊어버리는 것이 최선이다. 살아 보니 그랬다. 곱씹어 추억하는 것보다는 나와는 상관없는 일이라 생각하고 잊는 것이 나쁜 아니라 모두를 위하는 길이다.

만약 지금 어딘가에서 누군가 건넨 말로 힘들어하고 있다면 스치는 바람과 함께 흘러가도록 내버려두자. 부정적으로 단정 짓는 타인의 말에도 흔들리지 말자. 그리고 험담을 일삼는 사람들에게 소리치자. "너나 잘하세요."라고.

아찔한 뒷담화의 욕구

공자 『논어』

───────

오랫동안 만나지 못한 지인들의 안부가 궁금해 퇴근 후, 피곤한 몸을 이끌고 모임에 나갔다. 하지만 집으로 돌아오는 길, 몹쓸 자괴감에 빠진다.

'내가 이러자고 아까운 시간을 쪼개서 나갔던가. 차라리 집에 누워 있을걸.' 하는 후회가 밀려온다. 사람들은 누군가의 삶을 아주 자연스럽게 대화 소재로 삼는다. 작고 사소한 삶의 단편부터 이런 얘기까지 해도 되나 싶은 굵직한 인생사까지, 낱낱이 들춰내며 이야기의 농도는 짙어진다.

타인의 이야기를 들을 땐, 기분이 묘하다. 내가 알고 있는 그 사람에게 상상조차 할 수 없는 일이 일어났다는 사실이 놀라워 가슴을 쓸어내린다. 그리고 안타까운 마음에 눈물을 흘리기도 한다. 가끔은 나만 몰랐던 타인의 숨겨진 민낯에 소름이 돋을 때도 있다.

'어머 어머!' '어떡해!' '정말?' 등 적절한 추임새를 넣어 가며 타인의 이야기를 경청한다. 누군가의 이야기로 담백하지 않은 동지애를 느끼다 집으로 돌아오는 길은 발걸음도 무겁고 기분도 유쾌하지 않다. 내 귀로 들었던 다채로운 인생사와 입에 담기조차 싫은 이야기를 어딘가에 털어 내고 귀를 깨끗하게 씻어 내고 싶다. 그리고 자리에 없었지만 함께 있던 것처럼 느껴지는 뒷담화의 당사자에게 미안한 마음도 든다.

내 입으로 먼저 이야기를 꺼내지는 않았지만 나도 그들과 함께 있었고, 누군가의 이야기를 들었다. 부인하고 싶지만 나역시 뒷담화에 동참한 셈이다. 가끔은 뒷담화를 통해 일상이 건넨 근심을 잠시 잊을 때도 있다. 그리고 뒷담화 속 누군가의 삶과 나의 현실을 비교하며 씁쓸한 위로를 받기도 한다. 하지만 타인의 뒷담화를 통해 받은 위로와 뒷담화 시간 동안 잠시 잊고 지낸 걱정은 또 다른 불편한 감정을 가져와 나를 괴롭힌다.

뒷담화는 정신건강을 위해 멀리하는 것이 가장 좋다. 하지만 괴상하게도 누군가의 삶이 몹시 궁금해지는 이상한 날이 있다. 은근슬쩍 뒷담화를 시작하려고 하는 내 모습이 보인다.

그럴 때면 누군가가 풍부하게 생산하고 맛깔나게 가공했을 나의 뒷담화에 대해 생각해 본다. 그러면 희한하게도 몹시 궁금했던 타인의 삶이 전혀 궁금해지지 않는다. 이런 나의 마음이 공자(孔子, 기원전 551년~479년)와 통했다.

공자는 『논어(論語)』에서 다음과 같은 문장을 전한다.

> 자공이 다른 사람을 비평하자, 공자가 말했다.
> "사(賜)[23]야, 너는 정말로 그렇게 현명하느냐?
> 나는 (학문에 바빠서) 다른 사람을 비평할 겨를이 없노라."[24]

공자가 제자를 비롯한 여러 사람의 질문에 대답하고 토론한 것을 '논(論)'이라 하고, 제자들에게 전해 준 가르침을 '어(語)'라고 부른다. 이렇게 구성된 『논어』는 총 20편, 482장, 600여 문장으로 전해지고 있다.

『논어』는 궁금한 것을 묻는 자와 답을 전하는 자의 짧은 대화 형식으로 되어 있어 비교적 잘 읽히는 편이다. 한 구절 한

---

23. 인용문에 등장하는 공자의 제자 자공의 본명. '사(賜)'가 이름이고 성은 '단목(端木)'이며 '자공(子貢)'은 자(字)이다.

24. 공자, 『논어』, 소준섭 옮김, 현대지성, 2018, p. 279.

구절은 다른 철학책에 비해 짧지만, 읽은 후에는 생각해 볼 수 있는 질문을 많이 던져 주기 때문에 여운이 깊게 남는다. 문장을 읽고 스스로 생각해 보는, 철학하는 삶을 실천할 수 있게 해 『논어』는 철학하는 삶을 살고 싶다면 도전해 볼 만한 고전이다.

내가 『논어』에서 수집한 문장은 『논어』 14편 「헌문(憲問)」 31장에 등장하는 구절이다. '헌문'은 공자의 제자인 '원헌(原憲)이 물었다(問)'라는 뜻으로, 제자인 원헌의 물음에 스승인 공자가 답하는 형식으로 구성되어 있다.

세상에 타인의 뒷담화보다 재미있는 일은 많다

요즘 '도파민'이라는 단어가 유행이다. 처음 도파민이라는 단어를 들은 건 딸과 드라마를 볼 때였다. 드라마 속 남자배우의 미소를 보더니, 딸은 '우와, 도파민 터진다!'라고 말했다.

도파민이란, 뇌를 흥분시켜 살아갈 의욕과 흥미를 갖게 하는 중추 신경계의 신경 전달 물질이다. 도파민이 분비되면 성취감, 보상, 쾌락의 감정을 느끼게 된다. 유행하는 단어는 시대의 분위기와 깊이 연관되어 있다. 삶의 의욕을 잃고 무기력에 힘들어하는 현대인에겐 매일 '도파민 터지게 하는' 무언가가 필요하다. 삶의 의욕을 느끼게 해 주는 재밌고 짜릿한 것들을 우리는 늘 갈망한다.

시간에 쫓겨 사는 현대인에게는 무심코 나눈 타인의 이야기도 도파민을 샘솟게 하는 자극적 소재가 된다. 잠깐 짬 낼 수도 없이 바쁘게 산다며 스스로 한탄하지만, 타인의 이야기는 사정이 다르다. 없는 시간도 잠깐의 짬도 어떻게든 쪼개고 쪼개서 타인의 이야기를 나누는 데 사용한다. 하지만 타인의 이야기는 흥미를 오래 주지 않는다. 하고 나면 후회하는 마음만 쌓이기 때문이다. 하물며 같은 공간에 있지도 않은 사람을 낱낱이 파헤쳐 진지하게 그의 사생활을 나누고 나면 큰 죄를 짓는 기분이 든다.

이런 내게 공자는 타인의 이야기를 입 밖으로 뱉으며 말로 죄를 짓기 전에 나의 삶은 어떤지 되돌아보라고 제안한다. 그리고 타인의 속사정을 입에 담아낼 만큼 제대로 살고 있는지, 그리고 누군가에게 훈수를 둘 만큼 내 삶에 충실한지도 고민하라고 권한다.

내용을 불문하고 타인의 이야기는 늘 흥미롭다. 단조로운 일상에 호기심과 재미를 가득 안겨 준다. 하지만 누군가의 이야기 없이도 우리는 충분히 의미 있고 재밌는 일상을 살아갈 수 있다. 오늘만큼은 공자의 말처럼 타인의 이야기가 아닌 자신의 이야기로 삶을 채워 보는 건 어떨까. 세상에는 타인의 뒷담화보다 재미있고 흥미진진한 일이 많이 숨어 있다. 숨은 그림 찾듯 도파민 터지는 재밌는 일을 하나둘 찾아보자. 진정한 도파민을 느끼며 행복할 수 있도록.

솔직함이 불편함으로 느껴질 때

아리스토텔레스 『영혼에 관하여』

솔직함이 매력으로 느껴지는 시대를 살고 있지만 가끔은 지나친 솔직함이 불편하게 다가올 때가 있다. 자신이 느낀 감정을 날것 그대로 표현하는 사람과 몇 마디 나누다 보면 거침없는 말과 행동 때문에 기가 빨린다. 감각기관이 충실하게 전달한 감정일지라도 타인에게 표현할 때는 신중에 신중을 거듭하는 것이 좋다.

상대방에게 조심히 전달해야 할 말과 행동은 대상과 상황에 따라 여러 가지가 있다. 그중 후각이 전하는 냄새와 관련된 말과 행동은 어떤 상황에서도 하지 않는 것이 좋다고 생각한다. 후각을 통해 전달되는 냄새와 관련된 말과 행동은 우리의 예민한 감정을 건드리기 때문이다.

냄새에 대해 깊이 있게 생각해 본 것은 영화 「기생충」을 보고 난 이후다. 한 영화평론가는 「기생충」은 '냄새의 영화'라고 말하며 영화 속 빈부격차를 냄새로 표현한 감독의 상상력을 극찬했다. 나 역시 영화를 보면서 냄새가 인간에게 주는 환희, 안정감, 불쾌감, 두려움 등 다양한 감정에 대해 생각해 볼 수 있었다. 영화를 보고 극장을 나오며 내 몸에 코를 대고 한참을 킁킁거렸다. 그리고 내게서 나는 냄새는 부(富)자의 냄새일까, 빈(貧)자의 냄새일까, 아니면 평범한 중산층의 냄새일까 궁금했다.

감각기관이 전한 냄새를 통해 우리는 타인의 상황을 추측하고 다양한 사유를 한다. 그리고 '냄새난다'는 말을 통해 타인에게서 느낀 불쾌한 감정을 우회적으로 전달하기도 한다.

이토록 냄새에 민감한 인간은 향기를 생산하고 소비한다. 좋은 향기를 가진 사람으로 기억되고 싶어 향수를 뿌리고 집 안에서 자연스럽게 풍기는 악취를 감추고자 곳곳에 디퓨저를 놓아둔다. 외출 후에는 입었던 옷에 재빠르게 탈취제를 뿌리며 생활의 흔적을 숨긴다. 감정이 좋지 않을 땐, 아로마 향을 맡으며 심신을 달랜다. 이처럼 인간의 감각기관은 신체기관 이상의 역할을 하며 우리의 영혼을 지배한다.

인간의 감각기관이 영혼에 미치는 영향력에 대해 설명한

철학자가 있다. 아리스토텔레스(Aristoteles, 기원전 384년~322년)는
『영혼에 관하여(Peri Psychēs)』에서 영혼이 가진 능력을 영양 능력, 감각 능력, 이동 능력, 사유 능력, 이 네 가지로 나누어 설명하며, 감각과 사유의 차이점을 전한다.

> 감각함과 사유함이 동일한 것도 아니다. 사유함에는 옳게 하는 것과 옳지 않게 하는 것이 있는데, (중략) 이러한 사유함이 감각함과 동일한 것도 아니라는 말이다.[25]

미지의 영역인 영혼을 아리스토텔레스는 어떻게 해석할지 궁금하여 책의 제목만 보고 『영혼에 관하여』를 읽기 시작했다. 지친 영혼을 위로받을 수 있는 잠언 형태의 글이 아닐까 생각했다. 그런데 읽다 보니 전혀 아니었다. 영혼을 과학적으로 분석하듯 기술하고 있어 마치 과학책을 읽는 기분이었다.

아리스토텔레스는 인간의 후각은 다른 동물보다 열등하다고 주장한다. 미각과 후각은 연관성이 높은 편인데 인간은 후각보다 미각이 조금 더 정확한 편이라고 말한다. 그 이유에 대해 아리스토텔레스는 미각은 일종의 촉각이며 인간은 다른 동

---

25. 아리스토텔레스, 『영혼에 관하여』, 오지은 옮김, 아카넷, 2018, p. 133.

물보다 촉각이 뛰어나기 때문이라고 설명한다. 그는 영혼을 지배하는 다양한 감각기관에 대해 꽤 과학적으로 접근하고 있다. 책을 읽으며 눈에 보이지 않는 영혼을 과학적으로 접근하는 아리스토텔레스의 통찰력이 놀라웠다.

우리의 솔직함이 누군가에겐 불편함이 될 수 있다

인사 발령이 날 때면, 직장인의 대화 주제는 새로 부임할 상사에게 집중된다. 새로 맞이할 상사에 대한 두려움은 절대 칭찬할 수 없었던 상사의 장점까지 찾게 한다. '구관이 명관'이라는 말을 거듭 반복하며.

2년간 함께 근무한 직장 상사 A가 근무지를 옮기게 된 날, A의 성품은 자연스레 대화 주제로 등장했다. 몇 년간 관찰한 A는 뭐든 숨기지 않는 솔직한 사람이었다. 그는 하고 싶은 말은 모두 했고 자신의 감정을 한 톨도 감추지 않았다. 신입의 실수도 정직한 자세로 지적했으며, 자신보다 나이 많은 동료의 작은 실수도 민망할 정도로 정확하게 들춰냈다. A에게 우리는 한없이 부족한 사람이었다.

그런 A가 떠나는 날 아침이었다. 동료들은 새로 맞이할 상사에 대한 두려움에 A의 말도 안 되는 장점을 애써 찾아냈다.

한 동료는 인간미 없고 지나치게 솔직하지만, 뒤끝 없는 A의 성품을 칭찬했다. 동료의 이야기를 듣다, 문득 '저 성격에 뒤끝까지 있으면 도대체 어쩌라는 거지.'라는 생각이 들었다. 그리고 '구관이 명관'이라는 말도 거부하고 싶었다. 지금까지 까칠한 A와 함께 지내느라 고생했으니 새로 부임할 상사는 부디 인간적이길, 아니, 정상인이길 바랐다.

A와 인간적으로 거리를 두어야겠다고 결심한 적이 있다. A의 지나친 솔직함이 불편하게 다가왔기 때문이다. 폭염이 기승을 부리던 어느 날, A와 출장을 가게 됐다. 출장 중 방문한 상가 건물에서 A와 엘리베이터를 탔다. 밀폐된 엘리베이터에는 우리뿐 아니라, 헬멧을 쓰고 땀범벅이 된 배달원도 있었다. 서로 밀착될 수밖에 없는 환경에서 A는 갑자기 인상을 쓰며 코를 막았다. 잠깐이었지만 A는 자신의 불쾌한 감정을 표정과 몸짓으로 솔직하게 뱉어 냈다. 거침없이 솔직한 사람임을 이미 알고 있었지만, 그날 마주한 그의 솔직함은 몹시 불편했다. 그의 모습을 보고 깨달았다. 지나친 솔직함은 누군가에게 상처가 될 수 있다는 것을.

감각이 전한 솔직함은 영혼 속 사유 과정을 거쳐, 우리 삶에 지성(知性)이라는 이름으로 표현되어야 한다. 적절한 사유 능력으로 지성을 갖춘 사람은 감각이 전한 솔직함을 적당히 숨길 줄 안다. 밀폐된 엘리베이터에서 만난 땀 냄새 가득한 배달원에게 냄새난다는 표현을 하지 않으며, 고깃집에서 열심히 일한 친구의 옷에서 나는 기름 냄새를 결코 입 밖으로 꺼내지 않는다.

자신이 느낀 감각을 날것 그대로 표현하는 것은 사유가 가능한 인간에겐 어울리지 않는 태도다. 감각이 전한 솔직함일지라도 이성을 가진 인간이라면 반드시 사유의 과정을 거쳐야 한다. 그것이 지성 있고 품격 있는 인간의 모습이라 생각한다.

솔직함은 당당한 것이고 그 당당함이 멋진 것이라고 착각하지만, 우리의 솔직함이 누군가에겐 불편함이 될 수 있다. 솔직함은 올바른 사유를 통해 타인에게 전달되어야 한다. 그리고 때와 장소에 알맞게 적당히 솔직함을 숨기는 것도 인간관계를 유지하는 현명한 방법이다. 나의 솔직함이 누군가에게 불편함과 상처가 되지 않도록, 잠시 사유의 시간을 가져 보는 건 어떨까. 솔직함보다 사유함이 미덕이니까.

끼인 세대의 처세법

장자『장자』

나이가 어느덧 마흔이 넘고, 직장에서의 경력도 20년을 넘어가니 느낌이 묘하다. 나이가 시간의 속도를 따라가지 못하는 기분이다. 천천히 조금씩 기다려 주면서 늙어 가면 좋으련만, 빠르게 지나가는 시간처럼 나이도 너무 빨리 채워지는 것 같아 야속하다.

가끔 나는 내가 20대 후반에 머물러 있다고 착각한다. 그 시절이 내 삶에서 제일 좋았던 시기라 생각해서 그런 건지 모르겠지만, 영원히 늙지 않는 청춘이라 단단히 오해하고 있다. 쉰이 넘고 예순이 넘고 일흔이 넘어도 20대에 갇혀 지낼 것 같다. 스스로 생각해도 헛웃음 나는 어이없는 일이다. 혼자만 머물고 싶은 시간에 갇혀 있을 뿐, 남들은 나를 경력 많은 중년

여성으로 바라본다. 인정하기 어렵지만, 그리고 인정하기 싫
지만 내 나이가 중년임을 받아들여야 한다. 속사정 모르는 사
람들은 나이도 먹을 만큼 먹었고 경력도 있으니 나를 베테랑
능력자라고 생각할 수 있다. 하지만 나는 아직도 신입사원처
럼 직장에서 타인의 눈치를 살피며 긴장감 넘치는 생활을 하
고 있다. '오늘도 무사히!'를 외치며.

시대의 흐름에 부응하듯 직장에서도 개인주의 문화가 짙어
졌다. 그래도 가끔은 무리를 지어 움직여야 할 때도 있고, 팀
을 나누어 일을 처리해야 할 때도 존재한다. 이럴 때마다 주변
의 눈치를 살피며 어떻게 처신해야 하나 망설인다. 비슷한 또
래가 있다면 무조건 그들과 함께하겠지만, 또래가 없을 때도
많다. 그럴 땐 나보다 나이 적은 후배들과 함께할지 나보다 나
이 많은 선배들과 함께할지 고민이다.
젊음을 예찬하는 편이라, 먼저 후배들에게 조심스럽게 다
가간다. 하지만 혹시라도 나이 많은 나를 어려워하고 싫어하
진 않을지 그들의 눈치를 살피게 된다. 내가 비집고 들어갈 자
리가 없어 보일 땐, 선배들이 계신 쪽의 분위기도 은밀히 살펴
본다. 그런데 나이 마흔 넘어 막내 노릇 하자니, 갑자기 억울
해진다. 이런저런 생각에 여기저기 아무 곳에도 끼지 못하는

애매한 입장이 될 때가 많다. 중간에 딱 끼여 양쪽 눈치를 모두 살펴야 하는 처지가 처량하게 느껴지는 날이다.

끼인 세대의 난처함은 이뿐만이 아니다. 가끔은 양쪽에서 각자의 고충을 중간에 있는 내게 토로할 때도 있다. 선배들은 요즘 젊은 사람들이 제멋대로 행동하고 예의가 없다며 불만을 늘어놓으신다. 한편 후배들은 나이 지긋한 분들의 꼰대질에 염증이 난다고 호소한다.

끼인 세대인 나는 양쪽의 이야기를 들으며 어떻게 나잇값 하며 곱게 늙어 가야 할지 고민이다. 그럴 때면 귀 밝고 눈 밝은 사람이 되어 보라는 장자(莊子, 기원전 369년경~289년경)의 문장이 생각난다.

내가 말하는 귀 밝은 것이란 그것이 남의 소리를 듣는 것을 말하는 것이 아니라 스스로를 듣는 것일 뿐이고, 내가 말하는 눈 밝은 것이란 자신이 남을 보는 것을 말하는 것이 아니라 스스로를 보는 것일 뿐이다.

스스로 보지 못하고 남을 보며 스스로 얻지 못하고 남의 것을 얻는 자는 남이 얻는 것은 얻지만 자신이 얻어야 하는 것은 스스로 얻지 못하고, 남이 즐거워하는 것은 즐거워하지만 자신이 즐겁고자 하는 것은 스스로 즐거워하지

못한다.[26]

장자는 노자와 함께 도가 사상(道家 思想)[27]을 대표하는 인물이다. 꿈에서 자신이 나비가 된 것인지, 아니면 나비가 꿈을 꾸고 지금의 자신이 된 것인지 모를 일이라고 말한 일화는 우리에게 익숙한 이야기다. 장자는 상식적 사고방식에 의문을 품었고, 당시 유교에서 말하는 인위적인 도덕적 가르침보다 무위를 강조했다.

장자의 대표적 저서인 『장자(莊子)』는 33편이 현존한다. 「내편(內編)」, 「외편(外編)」, 「잡편(雜編)」으로 나뉘는데 장자 자신이 「내편」을 썼고, 그의 제자와 같은 계열의 학자들이 「외편」과 「잡편」을 썼다고 전해진다. 『장자』는 굉장히 두껍고 분량도 많다. 그리고 무엇보다 동양철학은 난해할 것이라는 편견 때문에 사람들이 쉽게 읽는 책은 아니다. 나도 용기를 내서 한 차례 완독했다. 하지만 읽다 보면 생각보다 재밌는 부분이 꽤

---

26. 장자, 『장자』, 김원중 옮김, 휴머니스트, 2023, p. 221.

27. 춘추전국시대에 등장했던 여러 사상 중 하나로, 우주 만물의 생성과 소멸을 관장하는 근본 원리인 도(道)를 중시하고, 인위적 개입을 최소화하고 자연의 질서에 순응하는 삶을 강조했다. 현실 정치에서도 군주나 정부의 개입을 최소화하고 백성을 자유 방임하며 자연스럽게 다스릴 것을 주장했다.

많다. 『이솝 우화』를 읽는 느낌이 들기도 하고, 옛날이야기 책을 읽는 기분이 들기도 해 책장을 비교적 쉽게 넘길 수 있었다. 완독한 후에는 '벽돌책'[28]을 읽어 냈다는 쾌감에 뿌듯하기도 했다.

앞에서 소개한 문장은 『장자』 8편 「변무(騈拇)」 5장에 수록되어 있다. '변무'는 발가락에 붙은 군더더기 살을 의미한다. 장자는 우리의 삶을 구속하는, 인간 본성에 없는 군더더기를 발가락의 군더더기 살과 다섯 개 손가락 외의 덧붙은 손가락에 비유한다. 이처럼 장자는 억지로 꾸며 낸 인위(人爲)적 삶을 비판하며 자연스런 무위(無爲)의 삶을 강조했다.

귀 밝고, 눈 밝은 사람이 되게 하소서

살다 보면 쓸데없는 고민으로 시간을 낭비할 때가 있다. 일어나지 않은 일에 대한 지나친 걱정으로 밤잠을 설칠 때도 있고, 잘하고 싶은 욕심에 여러 가지 경우의 수를 계산하다 두통약을 찾을 때도 있다. 이렇게 사나, 저렇게 사나 시간이 지나면 모두 비슷한데 눈앞에 당장 해결할 일이 있을 땐 이 진리를

---

28. 벽돌처럼 두껍고 무거운 책을 가리키는 말이다.

망각한다. 타인과의 관계도 마찬가지다.

하루의 3분의 1 이상의 시간을 직장에서 보내는 나는 동료들과 괜찮은 관계를 유지하고 싶은 마음에 수시로 동료의 눈치를 살폈다. 다수가 즐거워하면 함께 웃고, 불편해하면 같이 어색해했다. 모두에게 좋은 사람이 될 수 없음을 알면서도 눈치를 살피며 적당한 처세법을 매번 고민했다. 이처럼 직장생활의 만족도를 타인에게서 찾고 있는 내게 귀 밝고, 눈 밝은 사람이 되어 스스로를 돌보라는 장자의 말은 많은 생각을 하게 했다.

경제적 자유에 도달하지 않는 한, 나의 직장생활은 긴 시간 지속될 것이다. 기약 없는 많은 시간, 타인의 눈치를 살피며 기력을 소모하고 싶지 않다. 장자의 말처럼 내 마음의 소리를 들으며 행복한 직장생활을 하고 싶다. 내가 행복해야 주변 사람에게도 좋은 에너지를 전할 수 있을 테니까.

행복한 직장생활을 위해 지금부터라도 내가 진짜로 원하는 삶이 무엇인지 고민해 볼 생각이다. 그리고 눈치 보지 않고 자연스런 인간관계를 만들어 가고 싶다. 내 인생을 대신 살아 줄 수 있는 사람은 이 세상 어디에도 존재하지 않는다. 내 인생은 온전히 내가 감당해야 할 나의 것이다. 그리고 후회해 봤자 가슴만 쓰릴 뿐, 한번 지나간 시간은 돌아오지 않는다. 그러니

지금부터라도 내게 온전히 집중하고 싶다. 이쪽저쪽 눈치 보
지 않고 나에게 집중하면 귀 밝고 눈 밝은 사람이 될 수 있지
않을까.

새로운 사람을 만나는 것이 두렵다면

스피노자 『에티카』

요즘 들어 낯선 누군가를 만나면 대화를 나누기 전, 머릿속을 스치는 생각이 몇 가지 있다. 우선 나보다 나이가 많을까, 적을까이다. 첫 만남에 나이 이야기를 꺼내기가 무례해 보일 땐, 눈치를 살피다 적절한 시기에 어렵사리 학번을 묻는다. 나이에 대한 정보를 얻었다면 다음에는 결혼 여부, 자녀 유무 그리고 자녀의 성별 및 나이 등 상대방에 대한 정보를 얻고자 노력한다. 상대방의 개인정보가 궁금한 건, 각자 처한 다른 상황 때문에 발생할 수 있는 말실수와 오해를 피하기 위해서다. 오랫동안 친분을 유지했던 사람과도 상황에 따른 미묘한 차이로 말을 건네는 것이 조심스러울 때가 있다. 그렇다 보니 새로 만난 상대의 개인정보를 어느 정도 알고 있는 건 긍정적 인간관계 형성에 도움이 된다.

나이가 어렸을 때는 사람 사는 모습이 모두 거기서 거기고 고민거리 역시 비슷해서 별생각 없이 말문을 텄는데, 요즘에는 미묘한 차이까지 고려해야 하니 새로운 누군가를 만나는 것이 두렵다. 그리고 새로운 인간관계에 울렁증이 생긴 가장 큰 이유는 새롭게 만난 누군가와 가까워지기 위해 쓸 만한 에너지가 부족하다는 것이다.

직장과 가정에 매여 사는 워킹맘의 일상은 늘 고단하다. 고단한 시간 중에 짬을 내서 새로운 사람을 만나고 이야기를 듣고 공감해야 친밀감이 형성되는데, 그럴 만한 시간이 없다. 시간뿐만 아니라 에너지도 턱없이 부족하다. 누군가를 만나서 밥 먹고, 차 마시고, 거기다 맥주 한잔하는 것도 쓸 만한 에너지가 남아 있어야 가능한 일이다. 인간관계를 맺는 데 많은 에너지가 소모됨을 이미 경험으로 터득한지라 새롭게 인간관계를 맺기가 두렵다.

낯선 누군가가 성큼 다가와 나를 알고 싶어 하는 눈치인데 애써 모르는 척 피하고 있다. 새로운 사람과 인간관계를 맺기 두려워하는 내게 스피노자(Benedictus de Spinoza, 1632년~1677년)는 『에티카(Ethica)』에서 다음과 같은 문장을 들려준다.

마음은 무기에 의해서가 아니라 사랑과 관대함에 의해 정복된다.

사람들에게 무엇보다도 유용한 것은 친교를 이루고 또한 그들 모두를 좀 더 긴밀하게 하나로 묶어 주는 결속을 통해 서로 결합하는 것, 일반적으로 말해 우정을 견고하게 하는 데 공헌하는 것을 수행하는 것이다. 그러나 이를 위해서는 기술과 주의가 요구된다. 왜냐하면 사람들은 다양하며, 그 럼에도 대부분, (서로) 시기하며 그래서 동정하기보다 복수하는 경향이 있기 때문이다. 따라서 각자가 자신의 기질에 따라 행동하고 또한 그들의(이성의 명령에 따라 살지 않는 사람들의) 정서를 모방하는 일을 스스로 자제하기 위해, 영혼의 독특한 힘이 필요하다.[29]

스피노자는 유대계 네덜란드인으로, 어린 시절부터 매우 총명했다. 주변 사람들은 그가 유대교의 빛이 될 큰 인물로 성장할 것이라고 기대했다. 하지만 그는 24세의 나이에 신을 모독했다는 이유로 유대교 공동체에서 추방당했다. 믿었던 가족들에게마저 외면당한 그는 유대식 이름인 '바뤼흐(Baruch)'를

---

29. 베네딕투스 데 스피노자, 『에티카』, 조현진 옮김, 책세상, 2019, p. 55.

라틴어식 이름 '베네딕투스(Benedictus)'로 개명하고 생계 유지를 위해 안경 렌즈를 연마하며 철학적 진리를 구현하고자 애썼다. 그러던 중 당시 독일 최고의 대학 하이델베르크 대학으로부터 교수 초빙을 받았다. 기존의 종교 질서를 어지럽히지 않으면 된다는 조건이 붙어 있었다. 그러자 스피노자는 자유로운 철학 활동을 보장하지 않는 곳에서는 재직할 이유가 없다고 단호히 거부하며 자신만의 철학하는 삶을 꿋꿋하게 이어갔다. 강인해 보이던 그는 비교적 이른 나이(44세)에 세상을 떠났다. 어떤 사람들은 안경 렌즈를 연마하는 일의 열악한 작업 환경이 사망의 원인이라 말하기도 한다. 이른 나이에 죽음을 맞이했기에 죽음의 이유를 놓고 이야기가 분분한 것 같다. 어찌 됐든, 그의 생애를 가만히 들여다보면 강인함 뒤에 숨겨진 고단한 일상이 그려져 쓸쓸한 생각이 든다.

스피노자의 철학에서 주목할 만한 개념이 '코나투스(conatus)'다. 코나투스는 '노력하다'로 번역되는 라틴어 동사 '코노르(cōnor)'에서 파생된 말이다. 스피노자는 코나투스를 자기 존재를 유지하려는 노력 혹은 자기 존재를 보존하려는 힘으로 설명한다. 모든 존재가 자신을 보존하고자 노력하듯 인간 역시 자신을 지키고자 하는 힘이 있다는 것이다. 어떤 상황에서도 이 악물고 버텨 내는 내면의 힘을 스피노자는 코나투스라 불렀다.

우리는 일상 곳곳에서 코나투스의 상황을 여러 차례 마주한다. 하루에 몇 번씩 오락가락하는 감정의 끈을 부여잡고 버티고 살아가며, 꼴 같지 않은 상황에서도 애써 견뎌 낸다. 스피노자의 고단한 일상에도 코나투스가 함께했듯 우리의 고된 삶에도 강인한 인내심인 코나투스가 늘 함께한다.

이런 스피노자의 이야기가 담긴 『에티카』는 이해하기 쉽지 않았다. 그는 과학적 지식을 중시하면서도 직관적 체험을 존중하는 모습을 보였고, 강직한 종교적 심성을 가진 것 같으면서도 어떤 부분에서는 탈종교적 태도를 보이기도 했다. 그리고 자연에 존재하는 것은 모두 하나의 실체이며 자신을 미워하는 사람마저 용서하라는 메시지를 전달하여 불교철학과 비슷해 보이기도 했다. 그가 제시한 여러 이야기가 하나로 귀결되지 않아서인지 그의 사상은 다가가기 어려웠다. 스피노자를 이해하는 날이 언젠간 오리라 믿으며 독서를 이어 갔다.

서툴지만, 자연스럽게

생각해 보면 나는 어린 시절부터 혼자 있는 시간을 좋아했다. 혼자서 사부작거리며 시간을 보내야 에너지가 충전되는 스타일이고 지금도 그렇다. 남들이 어려워하는 혼밥도 잘하는 편이며, 쇼핑도 혼자 즐긴다. 누군가의 의견을 묻고 동의를 구하기보다, 혼자 뜻대로 하는 것이 편하고 좋다. 하지만 가끔은 누군가에게 속내를 시원하게 털어놓고 싶을 때가 있다. 가벼운 일상사부터 무거운 인생사까지 누군가와 진지하게 공유하며 현명한 해답을 찾고 싶은 그런 날이 있다. 친구관계로 고민하는 사춘기 소녀처럼 마흔이 훌쩍 넘은 내게 인간관계는 이래도 고민, 저래도 고민인 인생 최대의 난제(難題)다.

혼자가 편하고 좋다고 말하지만, 혼자서는 결코 행복해질 수 없다. 행복은 혼자 달성할 수 없기 때문이다. 타인은 일상 곳곳에 조용히 스며들어 삶의 행복과 불행을 결정한다. 타인과의 적당한 관계 유지는 행복의 필수 조건인 셈이다. 나의 행복을 기원하며 스피노자는 타인을 따뜻하게 마주하고 우정을 견고히 할 것을 권유한다. 그리고 우정을 견고하게 하기 위해서는 기술과 주의가 필요하다고 강조한다.

철학의 매력은 사유에 있다. 무심히 툭 던진 철학자의 말 한마디, 문장 한 구절은 여러 생각을 하게 한다. 그들이 전한 이 야기를 여러 번 읽다 보면 어느 순간 '아, 이게 이런 뜻이구나!' 라는 깨달음이 찾아온다. 스피노자의 문장도 마찬가지였다. 우 정을 견고하게 하는 기술이 뭘까 고민하다 문득 '상대방에 대 한 기대감을 잠시 내려놓으면 어떨까.'라는 생각이 들었다.

지나친 기대감은 실망을 선물하는 법이다. 인간관계에 대 한 기대감도 마찬가지다. 상대방이 내게 이렇게 해 주면 좋겠 다는 기대감을 살짝 내려놓으면 자연스럽게 타인과 가까워질 수 있다. 그리고 타인을 향한 시선을 내면으로 돌려 내게 집중 한다면 넉넉한 마음으로 타인을 대할 수 있을 것이다. 자신의 에너지가(스피노자의 말을 빌리자면 영혼이) 타인과 함께 나눠도 좋을 만 큼 충전되었을 때, 타인과 좋은 관계를 유지할 수 있는 법이 다. 이런 기술을 사용하고 노력을 기울여야 우정도 사랑도 견 고해질 수 있다.

직장을 옮겨 다니며 '시절인연(時節因緣)'이라는 말을 자주 생 각한다. 살다 보니 아쉽게 정리해야 하는 인연도 있었고 새롭 게 시작해야 하는 인연도 있었다. 만남과 이별은 자연스러운 삶의 한 부분이었다. 낯선 누군가와 새롭게 인연을 시작해야 한다면, 상대방에 대한 정보를 파악하려 애쓰기보다는 자연스럽게 가까워지는 것이 어떨까. 그리고 서로의 관계가 잘 유지되도록 자신의 마음을 먼저 돌보는 것도 관계 유지에 좋은 방법이라 생각한다.

타인과 완벽한 관계를 유지하는 건 어쩌면 불가능에 가깝다. 서툴고 거친 게 당연하다. 그러니 조급해 말고 자연스럽게 타인의 존재를 인정하자. 지금 여기, 곁에 있는 사람들과 좋은 관계를 유지하고자 노력한다면 낯선 타인의 등장도 마냥 두렵지만은 않을 것이다.

유쾌한 의무감

에픽테토스 『삶의 기술』

엄마로 살다 보면 도저히 할 수 없을 것 같은 일을 어떻게든 해내는 내 모습과 마주할 때가 있다. 엄마의 힘은 위대하다더니, 엄마로 충실히 살아가고자 노력하는 모습이 내게서 보일 때면 스스로 대견하다는 생각이 든다.

결혼 전 내 요리 실력의 최고점은 카레였다. 카레를 한 번이라도 만들어 본 사람은 알 것이다. 카레 가루만 있다면 어떻게든 제법 근사한 요리를 만들어 낼 수 있다는 것을. 그랬던 내가 아이들에게 미각의 즐거움을 전달하고자 생선 눈알을 떼고 생닭의 배 속에 찹쌀을 넣고 있다. 자유자재로 음식 재료를 손질하고, 다양한 요리도구를 사용하는 내 모습이 경이롭게 느껴진다. 발전 불가능으로 여겨졌던 형편없는 요리 실력은 다행히 조금씩 나아졌다. 이제는 아이들이 불고기가 먹고 싶다면 불고기를 만들 수 있고, 요리 고수만 만들 수 있다고 생각했던 잡채도 아이들의 생일에 뚝딱뚝딱 만들게 되었다. 듣기 좋으라고 하는 말인지 모르겠지만 엄마 밥이 가장 맛있다는 아이들을 위해 오늘도 나는 유쾌한 의무감을 발휘한다.

하지만 매일 세 번의 끼니를 챙긴다는 건 여간 곤욕스러운 일이 아니다. 생존이 걸린 끼니를 챙기는 일은 위대한 작업이지만 고된 일이며 굉장히 귀찮고 하기 싫은 일이다. 어떤 일이든 자신이 직접 해 봐야 고충을 알 수 있듯이 이 일도 마찬가지다. 직접 해 본 사람만이 끼니를 챙기는 것의 고충을 알 수 있다. 보통 세 번의 끼니만 챙기면 된다고 생각하지만, 그것 또한 착각이다. 아이들은 절대 하루에 세 번만 먹지 않는다. 신기하게도 아이들에겐 밥 배와 간식 배가 따로 존재한다. 점심 먹고 치우고 나면 금세 간식을 찾는다. 가끔은 아이들의 배 속을 정밀하게 관찰해 보고 싶다는 생각이 들 만큼 수시로 먹을 것을 찾는다. 그러니 하루에 대략 여섯 번, 일곱 번 정도의 끼니를 챙겨야, 끼니에 대한 고민에서 해방될 수 있다.

가족의 끼니를 챙기는 것이 내게 주어진 의무라는 생각에 마음이 무겁다가도 내가 차린 음식을 맛있게 잘 먹는 모습을 보면 또 그렇게 유쾌할 수 없다.

가족의 끼니에 대한 고민처럼 살다 보면 우리의 삶에도 자신에게 주어진 의무를 유쾌하게 수행해야 할 때가 있다. 인간은 타인과 함께 살아갈 수밖에 없는 사회적 존재이기 때문에 하기 싫지만 감당해야 할 몫이 있는 셈이다. 인간은 혼자가 아니기에 지켜야 할 의무가 있음을 말하는 철학자가 있다. 그가 로마 제국 시대 스토아학파의 철학자 에픽테토스(Epiktetos, 55년경~135년경)다.

에픽테토스는 『삶의 기술(The Art of Living)』에서 다음과 같은 문장을 전한다.

당신은 고립된 실체가 아니라 우주를 구성하는 유일무이하고 대체 불가능한 한 부분입니다. 이 점을 잊지 마십시오. 당신은 인류라는 퍼즐에서 절대 빼놓을 수 없는 한 조각입니다.

(중략) 우리가 서로 맺고 있는 자연스러운 관계들을 파악하고 거기에서 우리 의무를 확인하면 우주의 구도 속에서 우리의 자리를 제대로 찾을 수 있습니다.[30]

---

30. 에픽테토스, 『삶의 기술』, 샤론 르벨 엮음, 정영목 옮김, 싱긋, 2020, p. 91~92.

에픽테토스는 노예로 태어났고 주인의 학대로 절름발이가
되었다.[31] 노예 신분에서 해방되어 자유롭게 살게 된 후부터는
젊은이들에게 철학을 가르쳤다. 그의 철학을 자세하게 알고
싶지만, 아쉽게도 그가 남긴 저서는 없다. 지금 전해지고 있는
에픽테토스의 저서는 그의 제자 아리아노스가 강의를 듣고 기
록한 것이다.[32] 에픽테토스는 스토아학파 철학자답게 내면을
돌보고 선(善)을 베풀며 살 것을 강조한다.

우주의 일원으로 내가 감당해야 할 몫

의도하지 않았는데 자연스럽게 나와 연결되는 사람들이 있
다. 이 사람과는 절대로 연결점이 없었으면 좋겠다고 생각하
는 순간, 신기하게도 인연이 시작된다. 피하고자 노력해도 피
할 수 없는 인연이 있다. 사람과의 인연뿐 아니라, 세상만사가

---

31. 류머티즘으로 다리를 절게 되었다는 설과 선천적으로 다리를 절었다는 설도 있다. 오히려
주인의 후원으로 스토아 철학자에게서 철학을 배울 수 있었기에, 주인의 학대로 다리를 절었
다는 설은 스토아 철학자답게 고통에 의연한 그의 태도를 강조하기 위해 지어낸 이야기일 가
능성도 있다.

32. 『삶의 기술』도 아리아노스가 에픽테토스의 가르침을 정리한 책들인 『어록(Epiktētou
diatribai)』과 『편람(Enkheirídion Epiktétou)』에서 현대인이 곱씹어 볼 만한 내용들을 선별해서
엮은 책이다.

대부분 그렇다. 제발 이 업무만큼은 피하게 해 달라고 간절히 기도해도, 믿었던 신마저 나를 배신한다. 모두 꺼리던 그 일은 당연한 듯 내 몫이 된다. 피하고 싶지만 피할 수 없는 일들이 세상에는 너무 많다.

우리가 사는 사회는 제법 촘촘하게 연결되어 있다. 이 촘촘한 연결망이 나름의 질서를 유지하기 위해서는 만나고 싶은 사람만 만나고, 하고 싶은 일만 하며 살 수 없다. 만나기 싫은 사람과도 인연을 이어 나가야 하고, 하기 싫은 일도 어쩔 수 없지만 해야 한다.

우리는 여러 역할을 소화하며 살아간다. 나 역시 엄마, 딸, 아내, 며느리로 살고 있다. 그리고 여러 집단에 소속되어 다양한 직책을 맡고 있다. 이 역할들이 주는 무게감은 상당하다. 때로는 이 역할들이 버거워서 내려놓고 싶다. 훌훌 벗어던지고 온전히 '나'로 살고 싶은 생각이 간절하다. 하지만 이 역할들 또한 거대한 우주의 일원인 내가 감당해야 할 몫이라 생각하면 무겁던 마음의 짐을 조금은 내려놓을 수 있다. 어쩔 수 없이 해야 할 나의 역할이라면, 그것이 나의 의무라면 불편하게 마주할 필요는 없다.

몸이 아파 며칠 동안 가족의 끼니를 챙기지 못했다. 전기밥

솥이 해 주는 밥이건만 유독 엄마가 한 밥은 맛이 다르다고 말하는 딸아이는 며칠간 엄마 밥을 먹지 못해 속상해했다. 엄마가 된 이상 엄마로 살아야 하는 것은 내게 주어진 의무이며 그 의무에는 가족의 끼니에 대한 고민이 함께한다. 아마도 이 고민은 엄마의 삶이 끝날 때까지 계속될 것 같다. 내가 차린 볼품없는 식사를 오늘도 맛있게 먹어 주는 가족에게 감사하며 앞으로도 나는 이 일을 유쾌한 마음으로 해낼 생각이다.

가족의 끼니뿐 아니라 타인과의 관계에서도 어차피 만나야 할 사람이라면 반갑게 웃으며 마주하고, 어차피 내가 해야 할 일이라면 담대히 받아들일 생각이다. 나는 거대한 우주의 한 조각이라 생각하며 유쾌하게 그들을 마주하면 우주 속, 내 자리를 찾을 수 있지 않을까.

내가 정한 이 선은 제발 넘지 마세요

에피쿠로스 『쾌락』

학창 시절 친구관계는 내겐 참 어려운 문제였다. 타인과의 관계를 처음 맺기 시작하는 대상이 친구인데, 어릴 적 내 기억 속엔 친구와 함께했던 기억이 별로 없다. 결혼하고 8년 만에 아이를 갖게 된 부모님은 자식 사랑이 남달랐다. 부모님의 지나친 염려와 과한 사랑 덕에 밖에 나가서 놀았던 기억이 별로 없다. 두 살 터울인 동생은 내 절친이었고 우리는 언제나 함께했다. 집 안에서 인형놀이를 하다 지칠 때면 뒷마당에서 둘이 술래잡기를 했다. 그러느라 또래와의 사회적 기술을 제대로 습득하지 못한 채, 초등학교에 입학했다.

80년대 후반엔 오전반, 오후반이 나누어져 있을 정도로 교실에 아이들이 넘쳐 났다. 학교에서 아이들과 함께 부딪히며 더불어 살아야 하는데 인간관계에 관해서는 경험이 없었던 나는 사회적 기술이 부족했다. 친구와 잘 지내고 싶었지만, 마음처럼 되지 않았다. 늘 친구의 눈치를 살폈고 혹시라도 친구가 싫어하는 행동을 해서 혼자 남게 될까 두려웠다. 가끔은 우정을 과시하고 싶은 마음에 친하다고 믿었던 친구에게 비밀을 말한 적도 있다. 그 당시에는 제법 내 인생에서 중요한 일이었는데, 며칠 뒤 학급 친구들 모두 내 비밀을 알고 있어 인간관계에 회의를 느끼기도 했다. 인간관계가 쉽지 않음을 비교적 이른 나이에 깨달았다.

친구관계에서 깨달은 교훈 때문인지 성인이 된 후, 나는 타인을 대할 때 마음속으로 선을 긋는 편이다. 아무리 친한 사이일지라도 속내를 잘 털어놓지 않는다. 세상에 비밀은 없는 법이다. 입 밖으로 뱉는 순간, 세상 사람 모두 알아도 괜찮다는 뜻이 되어 버린다. 그래서 타인과 은밀한 이야기를 나눌 때에는 되도록 감정에 휘둘리지 않고자 노력한다. 감정에 휘둘리면 해도 되는 언행과 하면 안 되는 언행을 구분하기 어려워지기 때문이다.

가까운 사이에도 조금 먼 사이에도 불편한 관계가 되지 않기 위해 넘지 말아야 할 선이 존재한다. 서로가 지켜야 할 선을 의식하고, 선 넘는 말과 행동을 하지 않는다면 그럭저럭 괜찮은 관계가 유지된다. 하지만 세상은 내 뜻대로 되지 않는다. 하루에도 몇 번씩 선 넘는 말과 행동으로 내 삶을 불편하게 만드는 사람들이 있다. 눈치가 없는 건지, 암묵적 표현이라 알아차리기 힘든 건지 알 수가 없어 직설적으로 불편하다는 신호를 보낸다. 하지만 상대방의 선 넘는 행동은 멈추지 않는다. 불쾌한 기분이 한도를 초과한다. 이럴 땐, 어떻게 해야 할까?

선 넘는 타인의 말과 행동으로 감정이 상하고, 이성이 마비되어 생각 회로가 멈춰질 때가 있다. 이럴 때면, '사려 깊음'과 '철학함'을 이야기한 에피쿠로스(Épikouros, 기원전 341년경~270년경)의 문장을 꺼내 본다.

따라서 쾌락이 우리의 목표이자 목적이라고 말할 때, 우리를 제대로 알지 못하거나 우리 생각에 동의하지 않거나 악의적으로 해석하는 자들이 떠올리는 것과는 달리 방탕한 자들이 추구하는 쾌락이나 어떤 것을 즐길 때 생기는 쾌락을 의미하지 않고, 몸에 고통이 없고 마음에 괴로움이 없는 것을 의미한다. 쾌락의 삶을 만드는 것은 끊임없이 술 마시고 흥청거리는 것도 아니고, 동성애나 이성애를 통해 애욕을 즐기는 것도 아니며, 사치스러운 진수성찬을 차려 놓고 생선 요리 같은 것을 즐기는 것도 아니고, 오직 맑은 정신으로 이성적으로 추론하여 모든 선택과 회피를 위한 근거들을 찾아내고, 마음에 가장 큰 소동과 혼란을 불러일으키는 잘못된 생각들을 몰아내는 것이기 때문이다.

이 모든 것의 시작이자 가장 큰 선(善)은 사려 깊음이다. 그런 까닭에 사려 깊음은 지혜를 사랑하는 것보다 더 소중하다.[33]

젊은 사람은 비록 나이가 젊더라도 미래에 일어날 일들에 대한 두려움 없이 나이 든 사람처럼 원숙하기 위해 철학을 해야 하고, 늙은 사람은 비록 나이가 들었지만 지나간 일들에 감사하는 마음으로 축복 속에서 젊게 살아가기 위해 철학을 해야 한다. 행복하다면 모든 것을 가진 것이고, 행복하지 않다면 행복하기 위해 모든 것을 할 것이므로, 우리는 자신에게 행복을 가져다줄 것을 해야 한다.[34]

에피쿠로스는 쾌락주의자로 익숙한 철학자다. '쾌락'이라는 단어가 주는 묘하게 부정적인 어감 때문에 간혹 쾌락주의

---

33. 에피쿠로스, 『에피쿠로스 쾌락』, 박문재 옮김, 현대지성, 2022, p. 114.
34. 위의 책, p. 107.

를 방탕한 삶을 추구하는 것으로 오해하는 사람들이 있다. 하지만 에피쿠로스가 말하는 쾌락이란, 육체적, 정신적 고통에서 해방되는 것이며 지속적으로 마음이 평온한 상태를 뜻한다. 단순히 짧고 강렬한 즐거움을 의미하지 않는다.

에피쿠로스는 지속적이고 평온한 진정한 쾌락을 누리기 위해서는 '사려 깊음'이 필요하다고 강조했다. 그리고 '사려 깊음'을 실천할 수 있는 구체적인 방법으로 철학하는 삶을 제시했다.

그가 이야기하는 철학하는 삶이란, 어떤 삶일까?

아름다운 거리 두기

매일 똑같은 장소, 비슷한 시각, 출근하는 도로 위에 서 있으면 문득 나 자신이 낯선 이방인처럼 느껴질 때가 있다. 그럴 때마다 '지금 나는 잘 살고 있는 걸까? 이렇게 살아도 괜찮은 건가?'라는 생각에 두려움과 불안함이 밀려온다. 지금까지 살아온 모습에 대한 후회와 앞으로 살아갈 날들에 대한 고민에 깊은 한숨을 내뱉는다. 한숨은 늘 다양한 생각을 이어 가게 한다.

이처럼 삶의 순간마다 인생에 대한 고민을 이어 가는 것이 철학하는 삶이라 생각한다. '철학하는 삶'이라는 말 자체가 익숙하지 않아 막연하게 느껴지지만, 어쩌면 우리는 일상에서 이미 철학하는 삶을 실천하고 있는지도 모르겠다. 고민 없이 살아가는 사람은 없으니 말이다.

삶의 고민 중, 인간관계는 꽤 많은 비중을 차지한다. 웬만하면 적을 만들지 말고 둥글게 살고 싶은데 뾰족해질 때가 있다. 나이가 드니 호구가 되고 싶지 않은 마음에 예전보다 더 뾰족해지는 것 같다. 조용하고 둥글게 살고 싶은 내게 인간관계는 매번 어려운 숙제다.

혼자서 살아갈 수 없는 것이 인생이다. 그렇기에 타인과 더불어 살아가는 삶에 대해 성찰하는 시간이 필요하다. 다시 말해 좋은 관계를 이어 갈 방법에 대해 묵묵히 생각할 시간을 가져야 한다는 뜻이다. 상대방이 싫어하는 말과 행동, 절대 하지 말아야 할 것들에 대해 고민하고 서로의 예민한 감정을 건드리지 않도록 조심해야 한다. 에피쿠로스의 말처럼 잘못된 생각을 몰아내는 '사려 깊음'의 자세가 필요하다. 사려 깊은 자세로 사유의 시간을 갖는다면 나의 삶은 행복해지고 타인과의 관계는 깊어질 것이다.

칼릴 지브란의 「결혼에 관하여」라는 시가 있다.

그러나 그대들은 함께 있되, 거리를 두어라.

하늘의 바람이 그대들 사이에서 춤출 수 있도록.

서로 사랑하되, 구속하지 말라.

그보다는 그대들 영혼의 기슭 사이에 바다가 일렁이게 하라.

서로의 잔을 채우되, 한쪽 잔만 마시지 말라.

서로에게 빵을 주되, 한쪽 빵만 먹지 말라.

함께 노래하고 춤추며 즐거워하되, 따로 있으라.

(중략)

서로의 마음을 주되, 가지려고 하지 말라.

오직 생명의 손만이 그대들의 가슴을 간직할 수 있으니.

그리고 함께 서 있되, 너무 가까이 있지 말라.

성전의 기둥은 서로 떨어져 있고,

참나무와 삼나무도 서로의 그늘에서는 자랄 수 없는 법이

니.[35]

결혼할 즈음, 지인에게서 이 시를 선물받았다. 결혼 초기에

---

35. 칼릴 지브란, 『예언자』, 김용준 옮김, 올리버, 2024, p. 18~19.

는 시의 내용을 이해하기 어려웠지만 결혼생활이 지속될수록 시의 의미를 조금씩 알 수 있었다. 상대방과 거리를 두라는 말은 각자 생각할 수 있는 시간을 가지라는 의미였다. 거리를 두고 상대방의 빈자리를 느껴 봐야 상대방의 소중함도 알 수 있다. '든 자리는 몰라도 난 자리는 안다'는 옛말처럼. 그리고 익숙함은 때로 무례함을 불러오는 법이다. 그러니 관계를 빛나게 하기 위해서는 적당히 아름답게 거리 두는 시간을 가져야 한다.

결혼생활뿐 아니라 타인과의 관계도 마찬가지다. 상대방과 적당한 거리를 유지하며, 조심스럽게 다가간다면 서로의 관계는 분명 돈독해질 것이다. 주변 사람과 둥글게 지내고 싶다면, 타인의 마음이 다치지 않도록 사려 깊게 생각한 후, 말을 뱉고 행동하자. 그리고 아름다운 거리 두기를 실천하자. 혼자가 외로울 때도 있지만 가끔은 혼자만의 시간도 필요하다. 오늘 하루, 아름다운 고독의 시간을 마음껏 즐기며 타인의 소중함을 느껴 보는 건 어떨까.

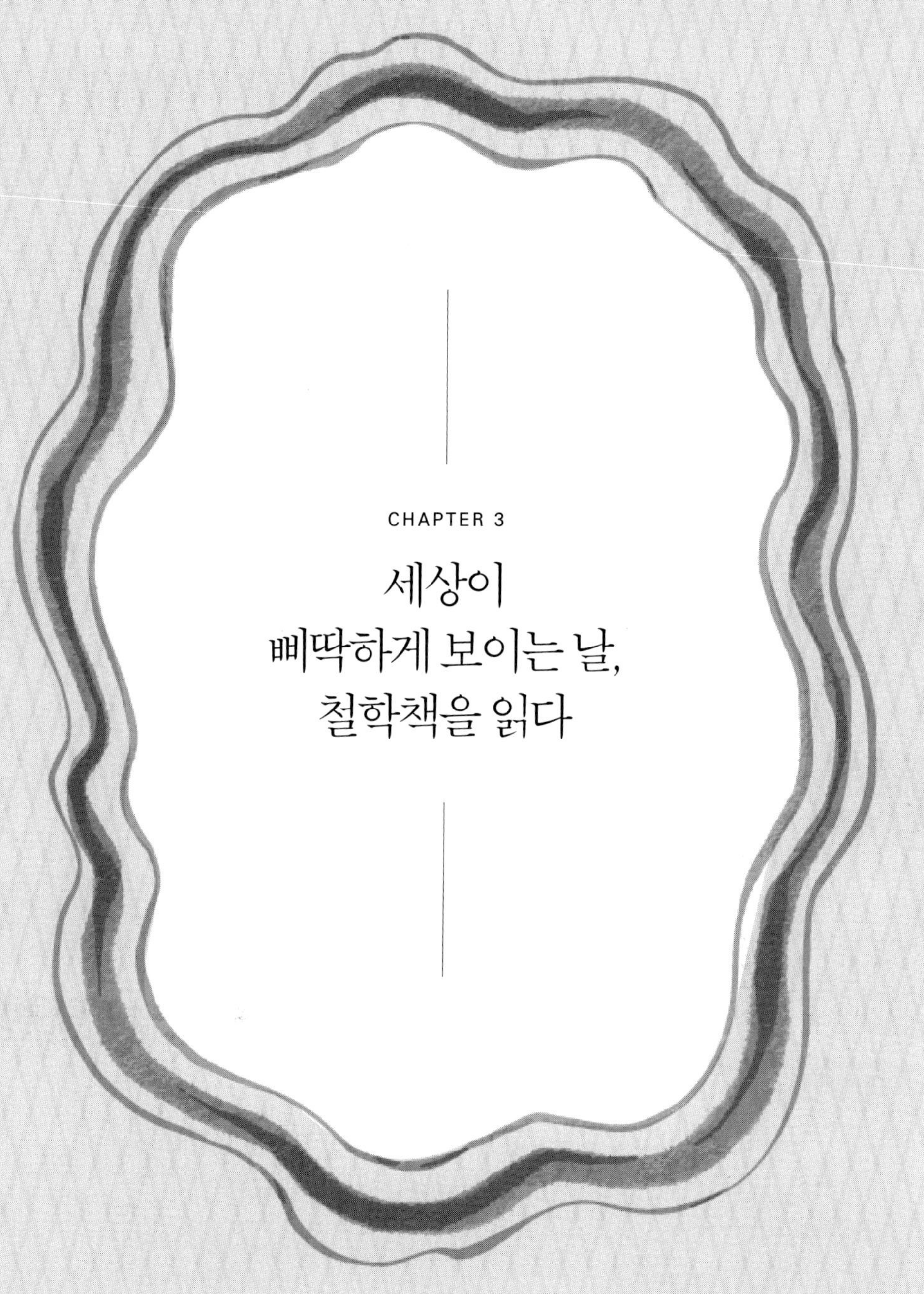

CHAPTER 3

세상이
삐딱하게 보이는 날,
철학책을 읽다

치맥과의 이별 연습

피터 싱어 『동물 해방』

좋아하는 음식이 뭐냐고 물으면 내 대답은 어렸을 때부터 지금까지 늘 치킨이다. 하루에도 몇 번씩 기분이 오락가락하는 변덕스러운 사람이지만 좋아하는 음식만큼은 한결같이 고수하고 있다. 근심 걱정이 있던 날도 치킨 냄새를 맡으면 복잡한 머릿속이 깔끔하게 정리되는 기분이다. 신발도 튀기면 맛있다는데 치킨에 견주는 튀김을 40년 인생에서 찾지 못했다. 바삭한 식감과 특유의 고소한 냄새는 잠자고 있던 식욕을 깨울 만큼 강력하다. 치킨은 내게 행복을 선물했다.

어른이 되고 먹는 치킨 맛은 더 일품이었다. 시원한 맥주 한잔과 바삭한 치킨은 사람과 일에 지친 내 맘을 위로해 주었다. 엄마의 치킨 사랑은 아들과 딸에게 그대로 대물림되었다.

둘째를 낳은 직후에도 치킨이 너무 먹고 싶어 아픈 몸을 침대에 기대고 병실에서 꿋꿋하게 치킨을 뜯었다. 치킨은 내 인생의 모든 환희와 슬픔의 순간을 함께했다. 하지만 서서히 소울 푸드 치킨과 이별을 준비하려 한다. 성조숙증(혹은 사춘기조숙증)이라는 낯선 질병에 대한 두려움 때문이다.

요즘 엄마들 사이에서는 초등학교 입학 무렵 뼈 사진을 찍고 성조숙증 검사를 받는 것이 육아의 관행이 되었다. 나 역시 엄마인지라, 아이들의 건강에 예민하다. 지구가 아픔을 호소하기 시작할 무렵, 탄생의 기쁨을 맞이한 요즘 아이들은 과거에 비해 신경 써야 할 게 많아졌다.

걱정되는 마음에 성조숙증과 관련된 다양한 자료를 찾았다. 책, 신문, 관련 카페, 전문가의 칼럼과 유튜브 등을 뒤지며 많은 자료를 찾았다. 이들의 공통된 의견은 성조숙증은 현대 사회의 질병이며 우리가 먹는 음식에서 유발될 수 있다는 것이었다. 그래서 음식 재료에 관심을 갖기 시작했다. 성장 촉진제가 든 달걀과 유전자 변형 콩이 성조숙증을 유발한다고 해 달걀은 가급적이면 동물 복지란을 사고, 유전자 변형 식품은 구입하지 않는 편이다. 음식 재료에 관심을 갖기 시작하면서 읽은 책이 오스트레일리아의 윤리학자 피터 싱어(Peter Singer, 1946년~)의 저서 『동물 해방(Animal Liberation)』이다.

피터 싱어의 『동물 해방』은 읽는 내내 충격적이었다. 대표적 실천윤리학자인 피터 싱어는 1975년 이 책의 서문에서 "이 책은 동물들에 대한 인간의 폭정에 관한 책"이라 밝혔다. 서문에서부터 싱어는 인간이 동물과 식물에게 행하는 폭력을 고발하겠다고 마음먹은 듯 인간의 잔혹함을 폭로했다. 중간중간 수록된 삽화 때문인지 책을 읽으면서 마치 한 편의 다큐멘터리를 보는 느낌이 들었다. 책 속에 수록된 삽화는 때때로 내 두 눈을 찌푸리게 했다. 그리고 읽는 것이 괴로웠던 지점도 상당수 있어 책을 덮어 버리기도 했다. 책을 덮고 펴기를 반복하며 불편한 독서를 이어 갔다.

제3장 「지금 공장식 농장에선 …」 중 '저녁 식탁 위에 올라와 있는 고기가 살아 있는 동물이었을 때 어떤 일을 겪었을까'의 일부분을 소개한다.

대부분의 사람들, 특히 오늘날의 도시와 변두리에 사는 사람들에게는 인간 아닌 동물과의 가장 직접적인 접촉이 식사 시간에 이루어진다. 우리는 동물을 먹음으로써 그들과 접촉을 하고 있는 것이다.[36]

---

36. 피터 싱어, 『동물 해방』, 김성한 옮김, 연암서가, 2012, p. 173.

오늘날 미국에서는 매주 1억 200만 마리의 육계(肉鷄)-이는 식용 닭들의 이름이다-들이 생산을 관리하는 대기업의 고도로 자동화된 공장식 설비 시설에서 사육된 뒤 도축된다.

(중략) 육계 생산업자들은 태어난 지 하루 된 1만, 5만 또는 그 이상의 병아리들을 인공 부화장에서 거두어들여 창문 없는 긴 닭장에 집어넣는다. (중략) 첫 번째 주나 두 번째 주는 하루 24시간 동안 밝은 조명이 주어진다. 이는 병아리들의 체중을 빨리 불리기 위함이다. (중략) 최종적으로 약 6주가 되면 닭들의 몸집이 너무 커져 우리 안이 꽉 차는 시점에 이르게 되는데, 이때에는 조명이 계속 흐릿하게 유지된다. 흐릿한 조명을 비추는 이유는 과밀 사육으로 인해 야기되는 공격성을 감소시키기 위한 것이다.

육계들은 7주가 되었을 때 도축된다. (닭의 자연 수명은 약 7년이다.) 이 짧은 생의 마지막에는 닭의 체중이 4~5파운드 정도된다. 그럼에도 닭은 2분의 1제곱피트의 좁은 공간에서 생활한다. (이를 미터법으로 따진다면, 2킬로그램 이상 나가는 닭에게 450제곱센티미터의 공간이 주어진다는 것을 말한다.)[37]

---

37. 위의 책, p. 179~180.

450제곱센티미터라고 하니 막연하지만, 이렇게 생각하면 쉽다. 30센티미터 자를 생각해 보자. 가로, 세로 30센티미터 자가 만들어 내는 공간의 반밖에 안 되는 공간에서 살다가 죽음을 맞이한다는 얘기다. 7년 살 수 있는 생명을 7주밖에 못 사는 것도 분통 터지는 일인데, 이렇게 좁은 공간에서 날갯짓 한번 자유롭게 하지 못하고 죽음을 맞이해야 하는 것이 닭의 운명이다. 내가 닭으로 태어났다면 어떨까. 태어난 게 죄라는 생각이 들 것 같다.

치킨과 이별하기 위한 작은 결심

음식 재료에 관심을 갖기 시작하면서 읽은 책 중에 『돼지를 키운 채식주의자』가 있다. 이 책의 저자 이동호는 공장식 축산의 문제를 지적하며 9개월 동안 세 마리 돼지를 키우고 잡아먹은 이야기를 기록했다. 그는 공장식 축산의 도축 환경(전기를 통해 돼지를 기절시켜, 30분이면 해체 작업이 끝난다고 한다.)과 농장에서 키운 돼지의 도축 경험을 비교하며 도축에 '윤리'라는 단어를 사용하는 것이 적절한지 묻는다. 싱어 역시 공장식 축산의 문제점과 동물 실험의 잔혹성을 낱낱이 언급하며 인간의 윤리적 성찰을 권유한다. 책을 읽으며 고기를 맛있게 먹는 인간이 잔혹하게 느껴져 채식을 실천해야 하나 심각하게 고민했다.

싱어 또한 책의 마무리 부분에 채식주의를 언급한다. 그는 독자들에게 채식주의를 권할 생각은 없지만, 동물에게도 행복할 권리가 있었으면 좋겠다고 강조한다. 성장기 아이들에게 육식을 절대 금지하는 것은 현실적으로 어렵다. 다만 식탁 위 음식의 재료를 조금씩 바꿔 보기로 결심했다. 식탁 위 매일 등장하는 음식 재료인 달걀부터 바꾸기 시작했다. 공장식 사육 농장에서 길러진 닭이 낳은 달걀보다는 동물의 권리를 조금이나마 보장한 농장에서 길러진 행복한 닭이 낳은 달걀을 구입하고 있다. 그리고 정말 어렵겠지만 치킨과도 조금씩 이별을 준비하고자 결심했다.

싱어의 말처럼, 인간의 도덕적 고려 대상에 동물은 반드시 포함되어야 한다. 반려동물에 대한 애정도 좋지만, 인간의 편의를 위해 일방적으로 희생당하는 동물의 권리도 반드시 도덕적 고려 대상이 되어야 한다고 생각한다. 동물과 인간, 모두가 행복한 세상을 만들기 위해 우리의 생각도 달라질 때가 되었다. 모든 걸 당장 바꾸긴 쉽지 않겠지만 지금 우리의 작은 용기와 결단이 세상을 조금씩 다르게 만들 수 있다. 아이들이 살아갈 날들이 어둡지 않도록 어른들의 관심이 필요하다.

최신 가전제품으로도 채울 수 없는 것

에리히 프롬 『희망의 혁명』

가끔 여자들끼리 모이면 가사노동의 구원투수로 새롭게 등장한 가전제품 품평회를 할 때가 있다. 이때 빠지지 않고 등장하는 것이 로봇청소기, 식기세척기, 건조기이다. 이 세 가지 제품만 있어도 삶의 질이 다르다며 이것들을 '가전 3대장'이라 부른다. 인류가 고안한 최고의 발명품이라 극찬까지 받는, 명실상부 가사노동계에 없어서는 안 되는 존재다. 우리 집에는 가전 3대장 중 식기세척기와 건조기가 있다. 지루한 가사노동의 상당 부분을 의지하고 있기에 이 제품들이 없는 삶은 상상조차 하기 싫다.

최근 건조기의 상태가 예전 같지 않음을 느꼈다. 가장 먼저 우리 집에 입성하여 나를 도운 터라 고장 날 때가 되기도 했는데, 소음이 심해진 걸 보니 이번엔 뭔가 크게 탈이 난 것 같았다. 건조기가 고장 난 이유를 알아보고 앞으로의 수명도 예측할 겸 서비스센터에 전화해 기사님의 방문을 예약했다. 며칠후 기사님은 우리 집에 방문하셨다. 건조기를 면밀히 검토한기사님은 내부 부품을 교체하는 것이 좋겠다고 진단했고, 내부 부품만 교체하면 앞으로 몇 년간은 더 사용할 수 있겠다고예측하셨다.

거친 소리를 내던 건조기는 기사님의 손길이 닿으니 금세안정을 찾았다. 수리를 끝내고 나가시던 기사님은 우리 집을한번 살펴보시더니, 로봇청소기를 구매하는 것이 어떻겠냐고제안하셨다. 나도 로봇청소기의 구매를 진지하게 고민하던 터라, 기사님의 설명이 귀에 쏙쏙 들어왔다. 로봇청소기를 구매해야 하나 내적 갈등이 심각했다. 그러나 한편으론 인간이 하던 대부분의 노동을 가전제품이 대신해 주는 현실이 두렵다는생각도 들었다.

고백컨대, 나는 손빨래를 할 줄 모른다. 가끔 옷에 붙은 세탁 설명서 중 손빨래를 하라는 것이 있는데, 손빨래를 할 줄모르는 나는 대충 울샴푸를 푼 물에 옷을 건졌다 빼는 수준으로 세탁을 마무리한다. 빨래건조대 위, 물이 뚝뚝 떨어지는 옷을 보고 있으면 헛웃음이 나며 이 사태를 어떻게 수습해야 하나 난감해진다.

손빨래를 할 줄 모르지만, 빨래에 대한 유쾌한 추억은 제법 많다. 빨래를 널고 있는 엄마 옆에서 알록달록한 빨래집게를 건넸던 일, 빨랫줄에 널린 이불 뒤에 숨어 술래에게 들킬까 숨죽였던 일, 소나기가 내릴 땐 온 가족이 뛰어나가 함께 빨래를 걷었던 일, 그리고 햇빛 냄새 가득한 빳빳한 수건의 따뜻함까지. 빨래에 대한 추억은 나를 미소 짓게 한다. 하지만 최근 빨래에 대한 추억을 떠올려 보니 기억나는 건 건조기가 준 편리함뿐인 것 같아 씁쓸했다.

가전제품의 등장은 인간에게 시간적 여유와 편리함을 선물했다. 분주했던 삶에 여유를 안겨 주었지만, 그 이면에는 왠지 모를 씁쓸한 공허함도 함께한다. 기계의 등장으로 공허한 권태에 빠진 인간의 모습을 걱정한 철학자가 있다. 에리히 프롬은 핵무기가 인간을 전멸시키지 않았다고 가정할 때 우리가 마주하고 있는 현재의 모습을 다음과 같이 예견한다.

2000년이 인류가 자유와 행복을 위해 싸워 온 시간의 행복한 정점이 아니라 인간이 더는 인간으로 남지 못하고 생각도, 감정도 없는 기계로 바뀌는 시간의 시작임을 이해하

지 못한다.[38]

생산 기계의 톱니바퀴에 불과한 인간은 더는 인간이기를 포기하고 하나의 대상으로 변질된다. 그는 관심도 없는 일을, 관심도 없는 사람과 함께하며 시간을 보내고, 자신은 관심도 없는 것들을 생산해 낸다. 그리고 생산하지 않는 동안에는 소비를 한다. 인간은 아무런 노력도 들이지 않고, 아무런 내부의 활력도 없이 담배, 술, 영화, 텔레비전, 스포츠, 강의 등 지겨움 방지 산업(그리고 지겨움 생산 산업)이 강요하는 것은 무엇이든 입을 열고 받아먹는 존재가 된다. (중략) 갈증을 해소하기 위해 마시는 짭짤한 음료수가 결국에는 더 갈증을 느끼게 만드는 것처럼 지겨움 방지 산업들도 사실은 지겨움을 더 키운다. 아무리 무의식적인 것이라도 지겨움은 그대로 지겨움으로 남는다.[39]

프롬은 1968년 『희망의 혁명(The Revolution of Hope)』을 출간했다. 그는 『희망의 혁명』에서 인간이 과학기술에게 자리를

---

38. 에리히 프롬, 『희망의 혁명』, 김성훈 옮김, 문예출판사, 2023, p. 70.
39. 위의 책, p. 86~87.

뺏기지 않으려면 어떻게 살아야 하는지 구체적 해법을 제시했다. 50여 년 전에 쓰인 책이라고 믿기 어려울 정도로 책 속에는 현재 우리가 겪는 고민이 꽤 많이 담겨 있다. 프롬은 과학기술의 눈부신 발전 속에서 인간다운 삶을 살고 싶다면 성찰의 시간이 필요하다고 말했다. 그것만이 우리에게 남아 있는 희망임을 강조하며.

지겨움의 빈자리를 채우려면

출근하기 전 몇 가지 루틴이 있는데, 그중 하나가 스마트워치를 챙기는 것이다. 스마트워치의 스트랩을 차는 순간 여러 알림이 진동한다. 어제보다 좀 더 움직일 것을 권유하고 수시로 '지금은 잠시 일어날 시간' '지금 걷고 있나요?' 등의 메시지를 보내며 나를 걱정한다. 처음에는 내 안부를 궁금해하는 똑똑한 스마트워치가 신기하고 고마웠다. 그러나 시간이 지나면서 스마트워치의 메시지에 따라 움직이는 내 모습이 기계에 의해 조종당하는 것 같아 기분이 묘했다. 종일 누군가의 감시를 받는 느낌이었다.

퇴근 후, 소파에 앉아 무료함을 달래고자 리모컨으로 수십 개의 채널을 훑어봤다. 흥미로운 내용이 없었다. 먹이를 찾아

체계적으로 움직이는 하이에나처럼 흥미를 찾고자 단계적으로 스마트폰 앱을 탐색했다. 이 또한 지쳐 갈 무렵에는 OTT의 인기 콘텐츠를 장시간 시청했다. 많은 시간 여러 일을 했으나, 무료함은 쉽게 사라지지 않았다. 찰나의 즐거움만 전해질 뿐이었다. 역사 속 어느 세대보다 풍요로운 삶을 살고 있지만 헛헛한 마음은 좀처럼 채워지지 않는다. 모든 것이 지루하고 재미없고 심심하다.

이처럼 주어진 시간을 어떻게 사용해야 할지 몰라 방황하는 현대인의 모습을 프롬은 '지겨움(권태)'이라 불렀다. 그는 기계의 편리함에 익숙해진 인간은 인간으로서의 즐거움을 망각한 채, 기계의 일부가 되어 간다고 경고했다. 그는 심지어 인간이 생산 기계의 톱니바퀴에 불과하다고 말했다. 관심 없는 것을 기계적으로 생산하고 지겨움이 지겨움을 낳는 소비를 반복하는 인간의 삶을 기계 부품과 비슷하다고 생각한 것이다.

며칠 전, 서랍장에서 20년 전 첫 월급으로 샀던 디지털카메라를 꺼냈다. 그 당시에는 최신식이었는데 지금 보니 세월의 흔적이 고스란히 느껴졌다. 카메라를 켜고 설렌 마음으로 사진첩을 열었다. 한참을 바라보며 빛바랜 추억을 회상했다. 놀랍도록 선명한 지금의 사진과 다른 뿌연 모습이 이상하게도 나를 감성에 젖게 했다. 선명함이 채워 주지 못한 지겨움의 빈자리를 빛바랜 사진이 채워 주는 기분이었다. 빛바랜 사진 속, 조금 불편했던 희미한 과거가 그리웠다. 스마트폰 없이도, 최신 가전제품 없이도 분명 행복했던 그 시절로 돌아가고 싶었다.

최신 가전제품이 건넨 편리함을 경험한 이상 이 삶을 쉽게 포기할 순 없을 것이다. 하지만 전적으로 의지하며 살아가고 싶지는 않다. 우리가 가장 두려워하는 건, 아무것도 '할 것' 없는 무료한 순간이라고 말한 프롬의 말이 귓가를 맴돌기 때문이다. 아무것도 '할 것' 없는 무료하고 지겨운 삶보다는 '할 것'이 넘쳐 나는 활기찬 삶을 살고 싶다. 그런 의미로 오늘은 식기세척기의 도움을 받지 않고 손 설거지만이 갖는 뽀득한 매력을 온전히 느껴 볼 생각이다. 노동이 주는 행복을 만끽하며.

우리는 늘 행복해야만 할까

아리스토텔레스 『니코마코스 윤리학』

행복한 삶을 살고자 고군분투 중인 나는 누군가 건네는 '행복하세요.'라는 말이 가끔 부담스럽게 들릴 때가 있다. 배배 꼬인 성격 탓이겠거니, 하고 넘어가려 하지만 풀리지 않는 숙제를 건네받은 느낌이라 기분이 별로다. 행복도 인간이 느끼는 오만가지 감정 중 하나일 뿐이고, 슬플 때도 있고 화날 때도 있고 우울하고 불행할 때도 있는데 사람들은 굳이 행복만 편애한다. "이제는 행복해질 때가 됐잖아. 이쯤 되면 행복하게 좀 살아 봐."라고 독촉받는 기분이다.

고단한 현대사회에서 이래저래 버티며 근근이 살아가는 것도 대단한 일이라 생각하는 내게 '행복하세요.'라는 말은 가끔 가슴을 옥죈다. 그리고 '행복하세요.'라는 말을 들을 땐, 나 자신에게 미안해지기도 한다. 행복에 역행하고 있는 불행한 내 모습이 측은하게 느껴지며, 나날이 피폐해져 가는 영혼과 육체에 죄책감마저 밀려온다. '나는 도대체 어디에서부터 뭐가 잘못되었길래 이토록 불행할까.'라는 생각에 깊은 우울에 빠지기도 한다.

나를 위해 그리고 내 좋은 날들을 응원해 주기 위해 건네는 '행복하세요.'라는 말이 불편하게 느껴질 땐, 행복 전문가 아리스토텔레스에게 묻는다.

"행복은 대체 뭡니까? 그리고 우리는 늘 행복해야 하나요?"

아리스토텔레스는 이렇게 답한다.

작은 불행이나 작은 행운은 분명 우리 삶을 어느 한쪽으로 기울게 할 힘이 없지만, 좋은 일이 많이 생기면 삶은 더 풍요로워질 것이다. (중략) 반면 좋지 못한 일이 많이 생기면 고통을 안겨 주고 여러 활동을 방해함으로써 우리의 행복을 망쳐 놓을 것이다. 하지만 고통에 대해 무감각해서가 아니라 마음이 고상하고 넓기 때문에 수많은 큰 불행을 묵묵히 참고 견딘다면, 그의 고상한 품성은 큰 불행 속에서도 빛을 발할 것이다.

(중략) 행복한 사람은 결코 비참해질 수 없다. 그가 가증스럽고 비열한 짓을 하는 일은 없을 테니까. 진실로 좋은 사람이고 현명한 사람은 아마도 온갖 불행을 품위 있게 참고 견디며, 상황이 허락하는 한 언제나 가장 고상한 방도를 강구할 테니 말이다. 마치 장군이 주어진 군대로 가장 적절한 전략을 짜고, 제화공이 주어진 가죽으로 가장 훌륭한 구두를 만들고, 다른 장인들도 모두 그렇게 하듯이. 이치가 그렇다면 행복한 사람은 결코 비참해질 수 없다.[40]

행복 전문가 아리스토텔레스가 『니코마코스 윤리학(Ēthika Nikomacheia)』에서 전한 말이다. 그의 말을 한참 들여다보았다. 책을 읽으며 밑줄을 그었고, 문장을 수집하기 위해 노트북의 자판을 두들기며 그의 말을 생각했다.

아리스토텔레스는 자주 행복을 언급한다. 그는 모든 행위의 궁극적 목적이 행복이라 말하며 행복을 얻기 위한 삶의 자세로 중용(中庸)을 강조했다. 그의 말처럼 극단적 삶은 판단과

40. 아리스토텔레스, 『니코마코스 윤리학』, 천병희 옮김, 숲, 2013, p. 50~51.

감정을 망가지게 할 가능성이 크다. 양극단에 치우치지 않고 중용을 유지하면 평정심을 갖게 되어 행복에 다가가기 쉬워진다. 극단적 삶은 되도록 피하는 게 상책이다.

아리스토텔레스는 좋은 일이 차곡차곡 쌓이는 것을 행복이라 말하고 좋지 않은 일이 쌓이는 것을 불행이라 정의했다. 그리고 불행을 묵묵히 참고 견디면 언젠가 빛나는 인생을 맞이할 수 있다는 말을 건네며 불행을 품위 있게 견뎌 보라고 속삭인다. 그의 말을 들으니 '행복하세요.'라는 말에 독촉받고 있던 불편한 마음이 조금 풀린다.

또한 아리스토텔레스는 주어진 군대로 적절한 전략을 짜는 장군처럼, 주어진 가죽으로 훌륭한 구두를 만드는 제화공처럼 현실에 만족하며 살아가는 것도 불행을 품위 있게 견디는 방법이 될 수 있다며 구체적 조언까지 아낌없이 전한다. 행복을 단순히 눈에 띄는 행운을 손에 쥔 것이라 여겼던 내게 아리스토텔레스는 행복을 보는 넓은 시야를 선물했다.

행복과 불행은 자연스레 찾아오는 감정일 뿐

인생이란 참 고약하다. 이쯤 고생했으니, 이제 좋은 일만 생기겠지 싶은 순간에 꼭 심각한 걱정거리가 생긴다. 가끔은 소설 속 한 장면 같은 말도 안 되는 일로 밤잠을 설치고 속상해할 때도 있다. 예고라도 해 주면 미리 준비라도 할 텐데, 행복과 불행은 늘 갑자기 찾아온다.

제발 지금은 아니라고, 조금만 더 행복하면 안 되냐고, 간절히 기원하지만 시기하듯 불행은 금세 다가온다. 그리고 불행의 쓴맛에 익숙해져 인생을 포기할까 싶을 땐, 기적처럼 희망이 찾아와 삶을 이어 가게 한다. 이처럼 행복과 불행은 삶 속에 공존하며 예측 불가능하다.

매일같이 행복한 사람은 없다. 그리고 우리의 삶이 언제나 행복해야 할 이유도 전혀 없다. 행복이라는 감정에 너무 애걸복걸 매달리며 살 필요 또한 없다. 행복은 자연스레 찾아오는 감정 중 하나일 뿐이다. 불행도 마찬가지다. 나만 불행하다고 생각하지만, 불행의 짙은 그림자에 가려져 행복이 보이지 않을 뿐, 행복은 분명 삶 속에 숨어 있다. 잘 찾아보면 지금도 우리 삶 어딘가엔 행복이 빼꼼히 고개를 내밀고 있을 것이다.

만약 내 삶에 행복이 찾아온다면, 최대한 조용히 오랫동안 행복을 느끼고 싶다. 그리고 감당하기 힘든 슬픔을 감내해야 한다면, 최대한 묵묵히 품위 있게 이겨 내고 싶다. 행복의 끝자락엔 불행이 있고, 불행의 끝자락엔 행복이 있는 법이니까.

아리스토텔레스의 문장을 수집하며 행복하고 싶다는 우리

의 외침이 어쩌면 인생의 어려운 고비를 잘 견뎌 내고 싶다는 의미일지도 모르겠다는 생각이 들었다. 그리고 서로의 행복을 기원하며 유독 행복만을 편애하는 것도, 비열하고 비참한 인간은 절대 되지 말자고 서로 다독거리는 것처럼 들렸다.

"여러분, 모두 행복하세요.

한 번뿐인 인생 비참하게 살지는 말자고요."

내 탓이오

에리히 프롬 『소유냐 존재냐』

종교를 갖겠다고 마음먹은 건 대학교 3학년 때다. 불확실한 미래가 두려워 성당을 찾았고 1년간 교리를 들은 뒤 세례를 받았다. 그때부터 내 종교생활은 시작되었다. 마음이 복잡하거나 간절히 염원하는 일이 있을 때면 자연스레 성당을 찾고 주일에는 미사에 참석하고 있다.

미사에서 실시하는 전례 예식[41] 중, 나는 자신의 잘못을 잠시나마 반성하고 가슴을 두드리며 "제 탓이오, 제 탓이오, 저의 큰 탓이옵니다."라고 말하는 시간을 좋아한다. 이 시간만큼

---

41. 가톨릭교회가 단체로 하느님과 그리스도, 또는 성인, 복자들에게 하는 공식적인 경배 행위.

은 나의 만행을 낱낱이 고하고 용서받을 수 있을 것 같아 처절
하게 반성하고자 노력한다. 그리고 좀 더 괜찮은 사람이 되게
해 달라고 신에게 간청한다. 미사가 끝나고 성당 문을 나올 때
면 조금 더 좋은 사람이 되어 있는 것 같은 묘한 매력 때문에
아무리 바빠도 주일에는 성당을 찾는 편이다. 불안한 감정을
다스리고자 시작한 종교생활이 이제는 삶의 일부가 되었고 조
용히 내 삶에 영향력을 발휘하고 있다.

그런데 세상만사는 대체적으로 '양날의 검'의 성격을 갖는
다. 아무리 좋은 것일지라도 이면에는 늘 위험성을 내포하고
있다. 종교 역시 마찬가지다. 종교는 감정을 다스리고 공동체
의 선을 실현하는 면에서는 긍정적이지만, 때론 종교를 앞세
워 개인의 삶을 어둡게 하고 공동체의 삶을 잠식하는 경우도
있다. 종교로 인한 잘못된 연대감이 비인간적이고 처참한 일
을 발생시켰음을, 우리는 역사를 통해 익히 알고 있다. 종교는
개인의 신념뿐 아니라 공동체의 신념, 더 나아가 역사까지 바
꿀 만큼 강력한 영향력을 발휘한다.

그래서일까. 종교는 철학의 주요 주제이며 다수의 철학자
들은 종교에 대한 자신의 소회를 밝힌다. 그들은 신의 존재 유

무를 논하기도 하고, 죽음 이후의 세계를 종교적 관점에서 언급하기도 한다. 철학책의 주요 소재인 종교와 마주하며 종교가 우리 삶에 미치는 영향력에 대해 생각해 봤다.

종교에 대한 여러 철학자의 이야기 중 에리히 프롬의 문장이 기억에 남는다. 그는 저서 『소유냐 존재냐(To Have or to Be?)』에서 소유 양식으로서의 신앙과 존재 양식으로서의 신앙을 비교하며 다음과 같이 말한다.

> 소유 양식으로서의 신앙은 스스로는 모색할 용기를 가지고 있지 못하면서 확신을 원하고 인생의 의미를 찾으려고 하는 절름발이 인간들을 위한 목발이 된다. 존재 양식으로서의 신앙은 일차적으로 특정한 이념들에 대한 믿음이 아니고, 내적인 성향, 일종의 마음가짐이다. 이 경우에는 신앙을 '가지고 있다'고 말하는 것보다는 신앙 '안에 있다'고 말하는 편이 더 적절한 표현일 것이다.[42]

프롬은 대표적 저서 『소유냐 존재냐』에서 소유하는 삶과 존재하는 삶을 이분법적으로 구분하여 각각의 삶의 형태들을

---

42. 에리히 프롬, 『소유냐 존재냐』, 차경아 옮김, 까치, 2020, p. 70.

상세하게 비교했다. 그는 소유 양식으로서의 신은 인간이 만들어 낸 우상에 지나지 않는다고 말했다. 인간은 자신들이 만들어 낸 우상에 자기 삶을 투영함으로써 스스로 복종하게 되고 결국 본질을 상실한 소외에 빠지게 된다고 주장했다. 그는 인간이 만든 종교라는 굴레에 무의미하게 갇혀 있는 인간의 삶을 한탄했다. 프롬이 강조하는 존재 양식으로서의 신앙은 무엇일까?

신앙 안에서 사는 삶이란

프롬이 말하는 존재 양식으로서의 신앙에 대해 생각하다 문득 신부님이 미사 끝에 하시는 말씀이 생각났다. 신부님은 미사 전례의 마지막인 마침 강복(降福)[43] 때, 미사에 참석한 이들의 평화와 안녕을 기원하며 신자들과 함께 성호를 긋는다. 신부님과 함께 성호를 그으며 침착한 감정으로 내게 닥칠 험난한 일주일을 잘 버텨 보자고 다짐한다. 마음속으로 '파이팅!'을 외치는 이 순간이 프롬이 말한 신앙 안에 있는 존재 양식으로서의 삶이 아닐까. 인간이 만들어 낸 피조물을 향해 기

---

43. 가톨릭에서 사제가 그리스도를 대신해 하느님의 복을 내려 주는 것.

도하며 자신의 신앙심을 확인받는 것보다, 삶에 대해 잠시라도 성찰의 시간을 갖는 것이 존재 양식으로서의 신앙이라 생각한다. 결국 우리가 신앙인으로 살아가고자 하는 것은 지금 여기, 내게 주어진 삶에 충실하게 살고 싶다는 의미일 테니 말이다.

길을 걷다 종교단체에서 전도하러 나온 사람들이 건넨 물티슈를 받았다. 거절할까 생각했지만, 추운 날씨에 나이 지긋하신 분이 건네는 거라 그냥 받았다. 물티슈는 물티슈일 뿐이니 물티슈에 큰 의미를 부여하고 싶진 않았다. 지나가는 사람들을 향해 구부정한 자세로 물티슈를 건네며 자신의 종교를 권하는 할아버지의 모습을 보며 '저분에게 종교는 어떤 의미일까?'라는 생각이 들었다.

믿음을 권유하고 강요하며 신과 성직자의 권위에 무조건 복종하는 것은 종교가 추구하는 바가 아니다. 합리적으로 증명할 수 없지만, 각자의 주관적 경험들이 차곡차곡 쌓여 믿음이라는 신념이 형성되고 그것을 기반으로 신앙생활을 이어 가는 것이 종교가 갖는 의미다. 그리고 그 과정에서 자신의 마음이 안정되고 안정된 마음으로 타인과 어우러져 행복하게 살 수 있다면, 그것이 믿음 충만한 삶이라 생각한다.

부디 종교라는 테두리에서 믿음을 강요받으며 힘들어하는 사람이 없었으면 좋겠다. 각자의 믿음 안에서 행복을 느낄 수 있기를 기도한다.

못마땅한 현실이 서럽게 느껴질 때

지눌 『수심결』

며칠 전, 바쁘게 설거지를 하고 있을 때였다. 호기심 가득한 얼굴로 딸아이가 다가와 말했다.

"엄마, 엄마한테는 신사임당 몇 분 계셔?"

무슨 말을 하는 것인지 알아듣기 어려워 딸아이에게 "뭐라고?"라며 재차 물었다.

"엄마한테는 신사임당 몇 분 계시냐고? 나는 두 분 계시는데. 그리고 세종대왕도 세 분이나 계셔."

뜬금없이 위인들의 이름을 말하는 딸아이의 생각이 궁금했는데 뒤늦게 딸아이가 건넨 말의 의미를 이해했다. 세뱃돈으로 받은 13만 원. 자신이 소유한 엄청난 액수의 돈을 자랑하고 싶었던 거다. 돈의 액수를 신사임당 두 분과 세종대왕 세 분으로 표현한 딸아이의 상상력이 놀라웠다. 그리고 한편으론 '딸아이처럼 밝은 미소를 가지려면 내게 세종대왕과 신사임당은 도대체 몇 분 정도 계시면 될까?'라는 생각에 씁쓸해졌다.

돈이 인생의 큰 걱정거리가 될 수 있음을 처음 깨달은 건 고등학교 때다. 1997년, 그해는 내게 암울한 기억을 한가득 안겨 줬다. 가정의 유일한 수입원은 아빠의 월급이었는데, 아빠는 교통사고를 당해 꽤 오랜 기간 병원 신세를 져야 했다. IMF라는 어두운 사회 분위기는 빠르게 우리 집까지 침울하게 만들었다. 엄마는 어려워진 가정환경을 숨기고자 노력했지만, 가난은 어떻게든 정체를 드러내기 마련이다. 그때 처음으로 우리 집 사정이 넉넉하지 않음을 알게 되었다.

가끔은 돈 걱정만 없어도 행복하지 않을까 싶어 '부자도 고민이 있을까?'라는 생각을 한다. 그리고 죽기 전에 며칠만이라도 부자로 살아 보고 싶은 욕심에 동네에서 소문난 명당 복권가게 앞을 서성인다. 복권을 사고 며칠간은 행복하다. 1등에 당첨된 듯, 이것저것 하고 싶은 일을 생각하고 당첨금을 쓸 상상에 혼자 미소 짓는다.

드디어 추첨일. 설레는 마음으로 QR코드를 열어 복권 번호를 확인해 본다. 1등은 상상 속에서만 존재하는 일이었다. 현실은 냉혹하다. 늘 그렇듯 '낙첨'이라는 두 글자만 선명하다. 매번 이렇게 숫자 한 개도 안 맞을 수 있다는 사실이 놀랍다. 이 정도면 이것도 재주지 싶다. 안 될 줄 알면서도 내 발길은 오늘도 어김없이 명당 복권 가게 앞으로 향한다. 돈이 많았으면 좋겠다고 생각하고, 그런 삶이 완전한 행복이라 여기며 일확천금을 꿈꾸는 물욕에 찌든 내게 지눌(知訥, 1158년~1210년)은 말한다.

일백 뼈마디는 문드러지고 흩어져서 불로 돌아가고 바람으로 돌아가지만 한 물건[44]은 길이 신령하여 하늘도 덮고 땅도 덮는다.[45]

지눌은 고려시대 승려였다. 고려 후기 타락의 길을 걷기 시작한 불교를 바로잡고자 노력했으며 참선을 통해 자신의 마음을 돌볼 것을 강조했다. 그가 남긴 대표적 저서가 『수심결(修心訣)』이다. '마음을 닦는 방법'이라는 뜻의 제목 『수심결』은 보는 순간 참 곱다는 생각이 들어 빨리 읽어 보고 싶게 만들었다. 생각보다 어렵지 않아 비교적 쉽게 읽을 수 있었다. 불교

---

44. 여기서 '한 물건'은 사람의 마음을 의미한다.

45. 지눌, 『수심결』, 오광익 옮김, 동남풍, 2017, p. 22.

경전은 어려울 것이라는 편견을 조금 거둬 내면 누구나 읽을
수 있는 유의미한 책이라 생각한다.

지눌은 인간의 몸을 집에 비유해서 설명한다. 뜨거운 번뇌
(煩惱)[46]로 불타는 집과 같은 것이 인간의 몸인데, 그곳에 오래
머물며 시기, 질투 등의 고통을 받으며 살아가겠느냐고 묻는
다. 또한 뜨거운 번뇌가 끓고 있는 집에서 하루빨리 벗어나
는 것이 현명하다고 강조하며 마음속 부처를 찾을 것을 권했
다. 그가 말한 마음속 부처를 찾고 싶어 내 마음을 한참 들여
다봤다.

내 마음속에는 언젠가부터 헛된 욕심이 하나둘 싹을 틔우
고 무럭무럭 자라고 있었다. 넘칠 정도로 손에 가득 쥐고 싶은
물욕, 별 노력 없이 좋은 성과를 얻고 싶은 맹랑한 마음, 그리
고 좋은 사람만 곁에 두고 싶은 욕심까지. 지눌이 전한 이야기
를 읽으며 지나치게 엉큼한 내 마음을 반성했다.

『수심결』에는 마음이 뜻대로 되지 않아 힘들 때마다 들여
다보면 좋은 문장들이 많이 있다. 모든 일은 마음가짐에 따라
달라진다는 지눌의 말은 팍팍한 현실을 버틸 용기를 준다.

---

46. 몸과 마음을 괴롭히고 혼란스럽게 하는 모든 정신 작용을 일컫는 불교 용어.

어른의 삶에서 숫자를 뺀다면

어린 시절, 빨리 어른이 되고 싶었다. 어렸을 때의 내 눈에 어른의 모습은 위대해 보였다. 그들은 내가 모르는 것을 알고 있었고 이른 아침부터 늦은 저녁까지 틀에 박힌 학교생활에 찌들지 않아 자유로워 보였다. 나도 어른이 되면 그들처럼 박식하고 하고 싶은 일을 하며 여유롭게 살 줄 알았다. 순진하게도 그것이 어른의 삶이라 믿었다.

시간은 나를 어른으로 만들어 줬다. 막상 어른으로 살아 보니, 어른의 삶은 생각보다 지루하고 따분했다. 그리고 계산하고 득실을 헤아리는 과정의 반복은 몹시 번잡했다. 사람을 만날 때도, 업무를 처리할 때도 그것으로 얻게 될 이득과 성과를 머릿속으로 재빨리 계산해야 했고 손해다 싶을 땐 거리를 두어야 했다.

희한하게도 어른들의 대화에는 숫자가 매번 등장했다. 어느 동네 아파트가 더 비싼지 따졌고, 누가 어디에 투자를 해서 얼마를 벌었는지를 궁금해했다. 어른의 삶은 현명하고 성숙할 줄 알았는데 살아 보니 어린이의 삶보다 유치했다. 서로 가진 것을 은밀히 염탐하고 머릿속 계산기를 두드리며 많이 가지려 하는 모습이 치졸하기 짝이 없었다.

나에게 주어진 행복과 불행을 돈과 연결시켜 생각하는 순간 우리 인생은 서글퍼진다. 돈을 시작으로 내가 처한 여러 가지 상황이 마음에 들지 않고, 불만만 가득 생긴다. '만약 내가 저 사람처럼 여유로운 환경에서 태어났다면 지금처럼 살지 않을 텐데.'라는 생각에 부모님을 원망할 때면 자괴감이 들기도 한다.

더 나아가 불평등한 사회 구조가 소름 끼치도록 싫을 때도 있다. 아무리 노력해도 출발점이 전혀 다른 사람을 이길 수 없는 막막한 현실과 마주할 때면 서럽고 속상하다. 이럴 때마다 끝이 보이지 않는 어두운 터널을 지나는 기분이다. 어두운 터널에도 분명 끝은 있을 텐데 삶의 행복을 돈과 연관시켜 생각하다 보면 캄캄한 어둠 속에서 길을 잃고 헤매는 느낌이다.

내게도 딸아이처럼 13만 원에 함박웃음 짓던 시절이 있었다. 친구가 건넨 편지 한 통에 기뻐하고, 학교 앞에서 먹던 뜨끈한 어묵 국물과 떡볶이 한 접시에 행복해하던 그런 시절이 있었다. 부동산 투자, 주식, 재테크처럼 숫자로 드러나는 성과에만 관심 갖다 보니 작은 것들이 건네는 소중함을 잊고 지낸 것 같다.

지눌의 말처럼 탐욕을 버린다면 어른의 삶에도 숫자로 드

러나지 않는 즐거운 일이 많이 있을 것이다. 작은 것 하나에도 감사하고 즐겁던 그 시절이 그립다면 숫자가 주는 만족감보다 마음의 행복을 찾아볼 것을 권한다. 유치하다는 이유로 하지 않았거나, 성과가 없어서 혹은 시간 낭비라는 이유로 미뤄 뒀던 일들을 과감하게 시도해 보는 건 어떨까.

퇴근길, 편의점에서 좋아하는 과자 몇 봉지를 샀다. 과자를 야금야금 먹으며 TV도 보고 만화책도 읽고 전화로 친구와 밀린 수다도 떨었다. 딸아이와 코인노래방에 가서 목이 터져라 노래도 몇 곡 불렀다. 조금 낯설었지만 재밌었다. 그리고 마음 편하게 웃을 수 있어 행복했다. 행복은 멀리 있지 않다. 욕심을 조금 내려놓으면 행복은 분명 곁에 있을 것이다.

착한 사람 콤플렉스 탈출기

피터 싱어 『이렇게 살아가도 괜찮은가』

칭찬을 자주 해야 하는 직업을 가지고 있다 보니 칭찬거리를 찾기 어려운 상황에서도 매일 한 명의 학생은 칭찬하고자 노력한다. 수업에 들어가서 칭찬하는 학생도 있고 학급에서 칭찬할 만한 학생을 찾는 날도 있다. 하지만 칭찬할 때, 내가 하지 않는 말이 있다. "넌 참 착하구나."이다. 이 말을 칭찬의 언어로 선택하지 않은 이유는 내가 이 말을 들었을 때 칭찬으로 들리지 않았기 때문이다.

'착하다'는 말이 처음부터 싫었던 것은 아니다. 어린 시절 착한 어린이가, 모범 청소년이 되어야 한다는 강박증상이 있던 나는 언제나 누구에게나 착하게 보이고자 노력했다. '착하다'는 말을 들었을 때는 열심히 살았던 삶에 대한 보상인 것 같아 흡족하기도 했다. 하지만 나이가 들면서 '착하다'는 말이 싫어졌다. 가족과 주변 지인들에게서, '너는 착하잖아.'라는 말을 들으면 저 사람이 나를 호구로 인식하고 있다는 생각에 불쾌해졌다. 그리고 내가 이렇게 군말 없이 사는 건 착해서가 아니라고 따지고 싶었다. 착해서 참는 게 아니라 이 고비만 넘어가면 모두가 편안하니까 가만히 있을 뿐, 절대 내 심성이 착하고 고와서가 아님을 항변하고 싶었다.

'착하다'는 말을 좋아하지 않지만, 어쩌다 보니 어떤 상황에서도 모범을 보이며 평생 착하게 살아야 할 것 같은 도덕 교사가 되었다. 인생은 참 알다가도 모를 일이다. 도덕 교사가 되길 원하기도 했지만, 살다 보니 그렇게 되었다. 도덕 교사인 내게 사람들은 아주 높은 도덕적 기준을 적용한다. 하지만 나도 나쁜 행동을 할 때가 있고 미워하는 사람이 있으며, 욕설을 비롯한 막말을 뱉어 낼 때도 많다.

며칠 전, 남편과 함께 장 보러 가는 길이었다. 갑자기 끼어드는 옆 차를 향해 클랙슨을 울리며 "이따위로 운전할 거면 차를 가지고 나오지 말지. 왜 피해 주고 난리야. 아이 씨. 재수 없네."라고 말했다. 엄청 찐득하고 걸쭉한 욕설도 아닌데 조수석에서 내 말을 듣던 남편은 "도덕 선생이 어떻게 그런 말을 할 수가 있어. 말 좀 예쁘게 해."라고 말하며 나를 빤히 쳐다봤다.

이에 질세라 남편을 향해 "그럼 나는 무조건 참기만 해? 나도 인간이야!"라며 쏘아붙였다. 가장 가까운 남편마저도 내게 높은 도덕성을 기대한다.

남편뿐 아니다. 학생들 역시 내게 무단횡단은 해 봤느냐, 도덕 선생님도 거짓말을 하느냐, 선생님은 도덕 선생님이라 착할 것 같다는 등의 말을 건네며 나를 아주 높은 도덕성을 소유한 고귀한 인간으로 생각하는 눈치다. 그들이 정한 도덕적 기준과 마주할 때면 몹시 부담스럽다. 나도 사람인지라 바쁠 땐 무단횡단을 하고, 몹쓸 인간에겐 욕도 하며, 때론 거짓말도 한다. '착하다'는 말은 호구가 되는 것 같아 싫은데, 주변 사람들은 내게 높은 도덕적 기준을 적용하여 착한 사람이 되길 기대한다. 이럴 때마다 도대체 도덕적으로 산다는 건 무엇이며, 어떻게 살아야 하는지 고민이다. 이런 내게 피터 싱어는 다음과 같은 문장을 들려준다.

윤리적으로 사는 것이 모두에게 재앙이 된다면, 그 윤리는-누가 설파했든- 결코 고귀한 윤리가 아닙니다. 단호하게 배격해야 할 어리석은 윤리입니다. 윤리는 실용적입니다. 실용적이지 않으면 윤리적이지도 않습니다. (중략) 짧고 단순한 도덕 규칙을 무조건 따르는 것이 윤리적 삶이

라는 생각을 떨쳐 버리면 '쓸모없는 윤리'의 함정을 피할
수 있습니다.[47]

윤리적으로 산다는 것은 더 넓은 관점에서 세상을 바라보
고 이에 따라 행동하는 것입니다.[48]

싱어는 사람들이 '윤리'라는 주제에 관심을 갖기 시작한 건
종교의 힘이 약화된 이후부터라고 주장했다. 종교의 힘이 약
화된 이후, 사람들은 모두의 이익을 대변할 무언가가 필요했
다. 그래서 떠올린 것이 종교의 그늘에 가려져 있던 윤리였고,
윤리가 공공선(公共善)의 역할을 한다고 믿었던 것이다. 또한 자
본주의와 함께 급속히 성장한 이기주의에 맞설 만한 해결책으
로 윤리만큼 적합한 것이 없다고 판단했다.

싱어는 『이렇게 살아가도 괜찮은가(How Are We to Live?)』에서
윤리적 삶은 단순히 도덕 규칙을 준수하는 것을 의미하지 않
는다고 말한다. 그는 윤리적 삶이란, 삶의 나침반으로 삼을 수
있는 기준을 찾고 넓은 관점에서 세상을 바라보고 행동하는

---

47. 피터 싱어, 『이렇게 살아가도 괜찮은가』, 노승영 옮김, 시대의창, 2023, p. 256~257.
48. 위의 책, p. 260.

것이라 설명한다. 자신의 감정과 욕구를 애써 참으며 일방적으로 타인에게 맞춰 주고, 고정관념 속 도덕 규칙을 준수하는 것만이 윤리적 삶이 아니라는 싱어의 주장은 답답한 마음을 조금 해소해 줬다.

착하게 살아야 한다는 강박에서 벗어나기

도덕 교사라고 모든 상황에서 도덕적일 수는 없다. 모든 어른이 당연히 어른스러운 것은 아닌 것처럼. 비교적 단순한 진리지만 이 진리를 깨닫기까지 꽤 오랜 시간이 걸렸다. 모든 사람에게 좋은 사람이 되고 싶었고 미움받을 용기가 부족했다. 주변에 감도는 불편한 분위기를 견디기 어려워 감정을 꾹꾹 누르며 타인의 시선을 의식하며 지냈다. 착한 사람, 좋은 사람이라는 규정된 틀 안에 나를 끼워 맞추느라 힘들었다. 이제는 이 묵직한 돌덩어리를 내려놓고 싶다. 그렇다고 망나니같이 대책 없이 살겠다는 말은 아니다. 나를 비롯한 모든 인간은 서툰 존재니, 너무 높은 기준으로 상대를 바라보지 말고 서로 너그럽게 이해하며 살았으면 좋겠다는 뜻이다.

윤리적으로 산다는 것은 여러 의미를 내포하겠지만, 윤리적인 삶은 싱어의 말처럼 모두에게 유익할 필요가 있다. 일방적인 누군가의 희생만을 도덕적이라 말하기보다는 서툰 서로의 마음을 예쁘게 보듬고 함께 살아가는 것이 윤리적 삶이라 생각한다.

선과 악을 단순하게 판단하여 규칙 준수를 강요하기보다 좀 더 넓은 안목으로 주변을 둘러보는 것이 지금 우리에게 필요한 자세다. 도덕적이어야 한다는, 혹은 착하게 살아야 한다는 강박을 내려놓고 서로의 서툰 마음과 불완전함을 이해하고 사랑하는 일, 그것이 먼저라고 생각한다. 내가 누군가에게 건넨 마음, 누군가가 내게 건넨 마음이 차곡차곡 쌓일 때 우리의 삶은 윤택해진다.

쓸모없는 윤리의 함정에 빠지지 말고, 조금 여유롭고 넉넉한 마음을 갖자. 상대방에게 엄격한 도덕적 기준을 적용하기 전에 자신을 먼저 들여다보자. 인간은 누구나 서툰 존재다. 그러니 넓은 마음으로 자신을 돌보고 상대방을 바라보자. 따뜻한 시선들이 우리의 서툰 마음을 보듬어 줄 수 있을 것이다.

나를 감시하는 낯선 시선

미셸 푸코 『감시와 처벌』

출근길, 엘리베이터에서 거울을 보며 립스틱을 바르고 있었다. 아무도 타지 않은 엘리베이터였지만 문득 거울에 비친 깜박이는 빨간 점이 신경 쓰였다. 깜박이는 빨간 점을 빤히 노려보았다. 그러다 문득 저 렌즈로 나의 모습을 어딘가에서 지켜보고 있을 낯선 타인의 정체가 궁금해졌다. 그리고 이 상황이 기록으로 남겨질 것을 생각하니 섬뜩한 기분까지 들었다.

아침 출근길에서부터 집에 돌아오는 퇴근길까지 과연 몇 번이나 낯선 시선의 감시를 받는지 궁금했다. 그래서 하루는 작정하고 나를 관찰하는 감시카메라의 개수를 세어 보기로 했다. 출근하며 현관문을 나가 엘리베이터를 타는 순간 낯선 시선을 처음 느꼈다. 두 번째, 지하 주차장으로 나가는 출입구에서 느꼈다. 세 번째, 네 번째, 다섯 번째, 이웃의 반짝이는 블랙 박스 카메라에서 감시자의 시선을 느꼈다. 여섯 번째, 아침에 잠깐 들른 편의점 출입구에서. 일곱 번째, 편의점 계산대에서. 여덟 번째, 직장으로 진입하는 주차장 입구에서. 아홉 번째, 계단을 오르는 길목에서. 열 번째, 2층 계단 진입구에서. 열한 번째는……

몇 번인지 가늠할 수 없을 만큼 불특정 다수의 감시를 받고 있음을 깨달았다. 내가 의식하지 못하는 순간에도 나의 모든 것은 감시받고 있었다. 정확하게 세어 보고 싶다는 생각에 다음 날도 그다음 날도 도전했지만 셀 수 없음을 깨닫고 포기했다. 이렇게 현대인은 매일 낯선 감시의 시선을 의식하며 살고 있다.

현대사회의 감시를 처벌이라고 명명하며 감시와 권력의 관계를 설명한 철학자가 있다. 프랑스의 철학자 미셸 푸코(Paul-Michel Foucault, 1926년~1984년)는 『감시와 처벌(Surveiller et punir)』에서 과거 역사 속 형벌의 종류를 자세히 나열했다. 그는 현대사회에서 규율을 집행하는 권력자의 권력이 제대로 행사되기 위해서는 감시의 기능이 이루어져야 한다며 다음과 같이 말했다.

권력이 제대로 행사되려면, 지속적이고 완전하고, 도처에 있고, 또한 모든 것을 가시적으로 만들면서 자신은 보이지 않는, 그러한 감시 도구를 가져야 한다.

감시는 사회 전체를 인식의 대상으로 만들 수 있는 얼굴 없는 시선과 같아야 한다. 그것은 도처에 매복한 수천 개의 눈이고, 움직이면서 항상 경계를 게을리하지 않는 주의력이며, 길고 위계질서화된 그물망이다.[49]

미셸 푸코는 의사 아버지와 자녀교육에 관심이 많은 어머니 밑에서 자랐다. 푸코의 아버지는 그가 가업을 이어받아 의사가 되길 바랐지만, 푸코는 철학 공부에 흥미를 보였다. 푸코는 심리학과 인간의 정신세계에 관심을 가졌고 『광기의 역사』, 『감시와 처벌』 등을 저술했다. 『감시와 처벌』의 부제는 '감옥의 탄생'이고, 위의 문장은 본문 중 한 구절이다.

『감시와 처벌』에서 푸코는 규율 권력이 가장 효과적으로 작용하는 장치의 사례로 공리주의자[50] 제러미 벤담이 고안했

---

49. 미셸 푸코, 『감시와 처벌』, 오생근 옮김, 나남, 2020, p. 391.

50. 공리주의는 행위의 목적이나 선악 판단의 기준을 인간의 이익과 행복을 증진하는 데 두는 사상으로, 개인의 복지를 중시하는 견해와 최대 다수의 최대 행복을 내세우며 사회 전체의 복지를 중시하는 견해가 있다. 공리주의자는 공리주의를 따르거나 주장하는 사람이다.

던 '판옵티콘(panopticon)'을 제시한다. 판옵티콘은 중앙에 감시
탑이 있고 주변으로 여러 개의 감방이 배치된 원형 감옥을 말
한다. 간수는 죄수를 감시할 수 있지만, 죄수는 간수를 볼 수
없는 구조로 만들어졌기 때문에 간수가 자리를 비워도 죄수
는 이를 알 수 없다. 이런 구조로 인해 죄수는 늘 감시당한다
고 생각하며 자발적으로 규율에 복종하게 된다. 푸코는 벤담
이 고안한 판옵티콘을 통해 사회 구성원을 효율적으로 통치하
기 위해 고안된 현대사회 권력의 속성을 파악하고자 했다.

푸코는 과거에 비해 야만적 권력은 많이 사라졌지만, 현대
사회의 권력은 사회 곳곳에 자연스레 스며들어 사람들을 감시
한다고 말한다. 판옵티콘처럼 형성된 현대사회의 감시체제가
사회 구성원들을 권력이 정한 기준에 자발적으로 복종하도록
하고 있다고 설명했다. 서로가 서로를 감시하는 구조와 어떤
상황에서도 감시로부터 자유롭지 못한 현실이 현대사회를 살
아가는 우리에게 내려진 최대의 처벌이라 생각한 것이다.

현대인에게 내려진 가혹한 처벌

현대사회의 처벌의 모습은 이중적이다. 때로는 지나치게
자비롭다. 극악무도한 범죄를 저질렀음에도 심신미약 등의 이

유로 솜방망이 처벌이 내려지는 모습을 볼 때면 과연 이 나라에 법이 존재하는지 의구심이 든다. 과거의 야만적 권력이 그리워질 지경이다.

때로는 지나치게 가혹하다. 죄 없는 일반인도 처벌 대상이 될 수 있기 때문이다. 의식하지 못한 수많은 감시의 눈길이 주는 심리적 불안과 늘 관찰의 대상자가 되어야 한다는 사실은 현대인에게 내려진 가혹한 처벌이다. 범죄에 가담할 생각이 전혀 없는 우리는 이 사회에 거주 중이라는 이유만으로 매일 가혹한 처벌을 받으며 살고 있다.

지난 여름휴가 때였다. 그 지역에서 소문난 맛집을 방문하고자 내비게이션에 접속했다. 내비게이션은 현재 약 50대의 차량이 이동 중이라는 사실과 함께 내가 가고자 하는 곳이 인기 추천지임을 알려 줬다. 내비게이션의 안내에 따라 이동하며 맛있는 음식을 영접할 생각에 기분이 들떴다.

그러나 한편으론 맛집을 찾는 나의 은밀한 사생활이 수집되고 있는 것 같아 꺼림직하기도 했다. 서로를 감시하고 낯선 시선을 의식하며 살아가는 현대인의 삶이 고단하게 느껴지는 날이다. 살아 있는 한 감시의 눈을 피할 수 있는 곳은 어디에도 없을 것 같다. 카페에 앉아 글을 쓰고 있는 지금도 나를 감시하는 낯선 시선이 느껴져 주변을 두리번거리다 정면에 있는 감시카메라와 눈이 마주쳤다. 죽음을 맞이하는 순간에도 숨이 끊어져 가는 나의 마지막 순간을 누군가 바라보고 있을 생각에 등골이 오싹하다.

오늘도 나를 관찰하는 무수히 많은 시선을 의식하며 하루를 보냈다. 앞으로 살아갈 날들에는 신경 써야 할 감시의 시선이 더 많아질 것 같다는 불길한 생각에 마음이 편하지 않은 밤이다.

부모가 되기 두려운 세상

아리스토텔레스 『정치학』

아이를 낳고 대한민국의 어마무시한 사교육 시장을 처음 접한 건 조리원에서였다. 조리원에서는 무료한 산모들을 위해 오전과 오후 두 차례에 걸쳐 산후 요가, 모빌 만들기, 신생아 케어에 대한 다양한 강의를 진행했다. 강의 후엔 가끔 물건을 팔기도 했는데 그때 주로 등장했던 건 영아를 위한 전집이었다. 처음엔 누워만 있는 영아에게 전집이 필요할까, 의구심이 들었다. 하지만 나이 지긋하신 육아 선배님이자 베테랑 영업사원의 진솔한 이야기는 내 생각을 180도 달라지게 했다.

전집을 한 손에 든 영업사원은 명문대를 다니는 아들이 있음을 밝히며 눈길을 사로잡았다. 아들이 영아였던 시절부터 손에 들고 있는 전집을 활용했음을 거듭 말하며 교육의 결정적 시기를 강조했다. 지금이 아이의 인생을 바꿀 수 있는 중요한 시기임을 침착하고 강하게 반복했다. 영아 시절부터 오감 발달이 잘 이루어져야, 다음 단계의 교육을 수월하게 할 수 있다는 그분의 설명은 판매를 위한 과대포장이 아니라 진솔한 선배 맘의 충고로 들렸다. 그때부터 나의 의구심은 확신으로 변했고 나는 카드를 꺼내 전집을 할부로 결제했다.

조리원 퇴소에 맞춰 집 앞으로 배달된 전집 상자를 곱게 뜯으며 책과 부록을 단계별로 차곡차곡 정리했다. 흑백 모빌부터 초점 책까지 하나라도 놓칠세라 누워 있는 아이 주변에 빼곡하게 전시했다. 어느 방향에서든 모든 자료를 볼 수 있도록 세심하게 진열했다. 발달의 첫 단추를 잘 끼웠다는 생각에 스스로 뿌듯했고 생후 한 달 무렵의 아들이 반드시 명문대에 입학할 것 같다는 기대감에 피식 웃음이 나왔다.

하지만 시간은 좋은 약이 된다. 내 헛된 욕심과 과한 망상은 시간과 함께 자연히 치유되었다. 조리원에서 들었던 확신도 점차 의심으로 변했다. 더불어 아이는 내 뜻대로 자라 주지 않는다는 진리도 깨달았다. 어린 시절엔 잘 먹고 잘 자고 건강하게 크는 것만으로도 큰 복이라는 사실도 알게 되었다.

아이가 어느 정도 크니, 아이를 키우던 그 시절 내 모습이 종종 생각난다. 아이를 키울 때는 힘들다는 생각에 이 시기가 빨리 지나갔으면 했는데, 지금 생각해 보면 어린아이를 키우던 그 시절이 내 인생의 호시절(好時節) 같다. 그래서일까. 요즘 아이를 키우는 주변 후배들의 삶이 눈에 들어오기 시작했고, 워킹맘의 고단함을 잘 알기에 그들에게 따뜻한 말 한마디라도 건네고자 노력한다.

후배들과 대화를 나누다 고정관념에서 벗어나 자유롭게 사는 사람이 많아지고 있음을 알게 되었다. 취업하고 결혼해서 아이 낳고 사는 것이 당연한 삶의 경로라 생각했던 나와 달리 비혼을 선언하거나, 딩크족으로 살기로 결심하는 후배가 많아졌다. 저출산 문제의 심각성이 거론되는 현실이 실감 났다. 후배들은 아이를 낳지 않는 가장 큰 이유가 대한민국에서 아이를 키우기 힘든 것이라고 말했다. 아이를 키우며 들어가는 많은 돈과 노력을 감당할 자신이 없다고 이야기했다.

나도 두 아이를 키우고 있지만 정말 쉽지 않다. 어려운 점을 모두 말로 표현할 수 없지만, 아이들 교육 문제도 그중 하나다. 과하다 싶을 정도로 앞당겨진 조기교육 시기도 그렇고, 수시로 바뀌는 교육 정책과 현실을 고려하지 않은 탁상공론식 제도는 늘 답답할 뿐이다. 답답한 마음은 자연스레 공교육에 대한 신뢰를 무너뜨린다.

교육에 깊은 관심을 보이며 자신의 교육관을 언급한 철학자들이 있다. 그중 공교육에 관심을 가진 아리스토텔레스는 『정치학(Politiká)』에서 다음과 같은 말을 건넨다.

입법자는 무엇보다도 아이들의 교육에 관심을 가져야 한다는 데 이의를 제기할 사람은 아무도 없을 것이다. 입법자가 교육에 무관심하다는 것은 국가에 해롭기 때문이다. (중략)
국가 전체가 하나의 목표를 추구하는 만큼, 교육도 분명 모두에게 한 가지여야 한다. 그리고 교육은 공공의 관심사이어야지, 각자가 제 아이들을 따로 보살피며 자기가 좋다고 생각하는 교과목을 사적으로 가르치는 오늘날처럼 사사로운 일이어서는 안 된다. 공공의 관심사에는 역시 공동으로 대처해야 하기 때문이다.[51]

이상하게도 아리스토텔레스를 떠올리면 자연스레 그의 스승 플라톤이 함께 생각난다. 그리고 이 둘을 생각하면 라파엘로의 그림 「아테네 학당」이 머릿속에 그려진다. 바티칸의 명화로 꼽히는 이 그림에는 저명한 과학자와 철학자가 다수 등

---

51. 아리스토텔레스, 『정치학』, 천병희 옮김, 숲, 2009, p. 425.

장한다. 라파엘로는 그림을 통해 르네상스의 인문주의 사상을 알리고자 했다. 그림에서 가장 눈에 띄는 건 정중앙에 자리 잡은 플라톤과 아리스토텔레스다. 플라톤은 하늘을 향해 손가락을 올리며 이데아(Idea)[52]의 세계를 강조하고, 아리스토텔레스는 바닥을 향해 손바닥을 펼치며 현실 세계를 강조한다. 둘은 마치 논쟁하듯 서로를 응시하고 있다.

그림에서도 알 수 있듯이 아리스토텔레스는 뜬구름 잡는 이상적인 이야기보다 삶의 구체적인 문제를 파악하고자 애썼다. 그는 현실적인 해결책을 제시하고자 노력했고, 『정치학』에서도 그의 이런 생각을 엿볼 수 있다. 그는 『정치학』에서 이상적 국가가 갖추어야 할 현실적 요건을 상세하게 언급했다. 정치체제부터 이상적 국가가 갖추어야 할 지리적 요소까지 세심하게 언급하고 있어 『정치학』을 읽으며 아리스토텔레스의 현실 감각을 느낄 수 있었다.

아리스토텔레스는 『정치학』에서 교육에 대한 자신의 견해에 꽤 많은 비중을 두고 있다. 7권에서는 '이상국가와 교육의

---

52. 플라톤의 철학에 따르면 현실 세계에 존재하는 모든 사물의 원형이자 본질이다. 플라톤은 우리가 일상에서 경험하는 물질 세계는 불완전하고 변화한다고 보고, 그 이면에 순수하고 영원하고 불변하는 이상 세계, 즉 이데아의 세계가 있다고 주장했다.

원리'를, 8권에서는 '공교육'을 언급하며 교육의 중요성을 강조한다. 그는 교육은 모두의 관심사이니 입법자는 반드시 교육에 관심을 가져야 한다고 말한다. 교육을 통해 유용함, 미덕, 지식, 순수함을 얻을 수 있으며, 공교육에서 필요한 구체적인 교과목으로 읽기, 쓰기, 체력 단련, 음악을 언급했다. 자유민으로서의 삶에 적합한 교육의 필요성을 말하며 공교육을 강조하는 아리스토텔레스의 문장은 우리가 당면한 교육 현실을 떠오르게 한다.

공교육의 단단함이 필요할 때

생각해 보면 내 꿈은 어린 시절부터 글쟁이였다. 우연히 참가한 백일장에서 연거푸 상을 받으며 글쓰기에 재능이 있다고 스스로 생각했다. 하얀 종이 위에 연필로 꾹꾹 글을 쓸 때면 기분이 좋았다. 하지만 엄마는 작가는 배고픈 직업이라며 꼭 교사가 되라고 강조했다. 공부를 원 없이 하지 못한 엄마는 딸이 선생이 되길 염원했고 그 염원은 은연중에 내 삶에 투영됐다. 엄마의 바람대로 나는 교사가 되었고 스무 해 넘는 시간 동안 교사로 살고 있다.

어느 직장이나 고충은 있기 마련이지만 몇 해 전부터 교사로 사는 데 서서히 지쳐 간다. 2023년 여름은 교사로 사는 내게 잊지 못할 시간이었다. 몇 해 전부터 서서히 인내심이 바닥난 교사들은 연이은 동료 교사들의 죽음 앞에서 분노의 목소리를 내기 시작했다. 그들을 죽음으로 몰고 간 일들은 나도 비슷하게 몇 차례 겪은 일이었고 앞으로도 내가 겪어야 할 일이었기에 마음이 아팠다. 그럭저럭 버티고 있지만 앞으로 교사로서 어떻게 살아야 하는지 고민이다.

공교육의 상징인 학교에서 교사 집단이 생존권을 외치는 현실을 아리스토텔레스는 어떻게 해석했을까? 과연 그는 우리에게 어떤 말을 들려줬을까? 그의 답이 궁금해진다.

정확한 시기를 논하긴 어렵지만, 몇 해 전부터 학교는 교육보다 보육을 담당하는 장소로 변한 것 같다는 생각이 든다. 부모가 바쁘게 일하는 낮에 안전하게 잠시 머물 곳이 필요한데 그곳이 학교가 되어 가는 느낌이다. 학교가 안전하게 학생들을 보호해야 하는 것은 당연하다. 하지만 학교는 인간이 지켜야 할 기본적 예의와 삶의 태도를 배우는 곳이자 학교 구성원 모두가 행복한 공간이 되어야 한다고 생각한다.

학교 구성원인 학생과 교사 모두가 행복할 수 있도록, 공교육에 관심을 가져야 한다는 아리스토텔레스의 말이 어느 때보다 절실히 필요한 시기다. 공교육을 바로잡을 골든타임이 지금이라 생각한다. 학교가 충실히 자신의 역할을 할 수 있도록 모두의 관심과 입법자들의 현명한 결단이 필요하다.

부모가 되는 것을 두려워하지 않고 편안하게 아이를 낳아 기를 수 있도록 대한민국의 공교육이 단단해졌으면 좋겠다. 그리고 삶을 포기할 만큼 힘들어하는 동료의 모습을 더 이상 보고 싶지 않다. 부디 학교 구성원 모두 행복해지길. 그런 날이 오길 기다려 본다.

낯섦이 두려움으로 느껴질 때

마사 누스바움 『타인에 대한 연민』

머칠 전 동네 마트에서 히잡을 쓴 무슬림 여성들을 마주쳤다. 아마도 근처 대학에 공부하러 온 유학생 같았다. 머리부터 발끝까지 꽁꽁 싸맨 그들의 낯선 모습은 내 시선을 끌기에 충분했다. 히잡을 쓴 여성들 틈으로 알아듣기 어려운 말을 내뱉는 남성들도 한 무리 있었다. 그들을 보며 문득 내 머릿속을 스치는 생각이 있었다.

'저들은 IS와 무슨 관계일까? 혹시 이곳에 테러를 일으키러 온 건가. 빨리 피하자.'

세계 4대 종교는 기독교, 이슬람교, 힌두교, 불교다. 하지만 우리에게 이슬람교와 힌두교는 매우 낯설게 느껴진다. 그리고 그 낯섦은 두려움으로 다가온다.

이슬람교는 우리와 멀기만 할까? 도대체 이슬람교는 어떤 종교일까? 이슬람교가 궁금하여 이슬람교 경전인 코란의 몇 구절을 찾아봤다.

"모든 인간은 그가 지향하는 목적이 있나니, 선을 행함에 서로 경쟁하라." -2장 148절

"부모를 위해서, 친척과 고아와 구걸하는 자와 여행자들을 위해서 자선을 베풀어라." -2장 215절

코란에 등장하는 말이다. 어디서 많이 들어 본 익숙한 내용이다. 선행과 정의를 베풀라는 이슬람 경전의 내용은 우리에게 익숙한 기독교, 불교의 가르침과 별반 다르지 않았다. 이슬람교 역시 사랑, 평화, 봉사 등 보편적 가치를 추구하는 종교임을 알 수 있었다. 낯설고 두려웠던 이슬람교 경전에 익숙한 내용이 있다니 놀라웠다. 코란에서 익숙한 내용의 글귀를 보니, 무슬림과 이슬람교에 대한 두려움도 조금씩 사라지는 기분이었다.

낯섦은 왜 두려움이라는 불편한 감정을 갖고 오는 걸까?

낯섦이 두려움이라는 감정을, 그리고 두려움이 분노와 혐오라는 감정을 갖게 하는 과정을 설명하는 철학자가 있다. 미국의 철학자 마사 누스바움(Martha C. Nussbaum, 1947년~)은 두려움이 개인의 행복이 위협받고 있다는 생각 때문에 생겨난다고 말했다. 그리고 이 두려움의 정확한 원인을 찾고 해결하기 위해 노력해야 한다고 강조했다. 두려움이라는 감정을 잘못된 방법으로 해결할 때 증오, 혐오, 분노와 같은 부정적 감정과 마주하게 된다고도 경고했다. 그녀가 우리에게 전하는 문장은 다음과 같다.

인간은 취약하고 삶은 두려움에 빠지기 쉽다. (중략)

두려움과 관련된 지금까지의 서사에 따르면, 나쁜 일들은 쉽게 일어날 것처럼 보인다. 사람들은 진실에 무관심하고 서로의 거짓말을 반복하는 폐쇄적인 집단의 안락함을 선호할지도 모른다. 앞장서서 진실을 말하기를 두려워하고 자궁과 같은 평온함을 제공하는 지도자의 위안을 선호할지도 모른다. 그리고 두려움의 고통을 타인의 탓으로 돌리며 그들을 공격하게 될지도 모른다.[53]

---

53. 마사 C. 누스바움, 『타인에 대한 연민』, 임현경 옮김, 알에이치코리아, 2020, p. 93~94.

누스바움은 타자를 향한 혐오의 감정은 민주주의를 위협한다고 지적했다. 혐오는 바이러스처럼 쉽게 전염되어 집단으로 퍼져 나가 사회 전반에 불편한 감정을 확산시킨다고 설명했다. 또한 합리적 근거 없이 확산된 혐오는 일상 곳곳에 스며들어 차별과 폭력을 불러온다며 혐오의 위험성을 경고했다.

누스바움은 가짜 뉴스, 편 가르기 정치, 경제적 불안정이 양산한 혐오의 문제점을 사실적으로 지적하며 우리가 처한 현실을 '혐오의 시대'라 불렀다. 그녀는 혐오의 시대를 견뎌 내기 위해 감정을 철학적으로 분석하고 타인에게 연민의 감정을 가질 것을 권했다. 그녀가 강조한 연민이란, 단순한 동정이 아닌 타인의 고통을 이해하는 것을 의미한다. 넬슨 만델라, 마틴 루서 킹의 사례를 구체적으로 언급하며 그들이 보여 준 연민의 정치가 사회에 변화를 가져왔음을 강조했다.

혐오를 이겨 낼 수 있는 희망의 힘

무슬림이 위험할 것이라는 막연한 두려움이 생긴 건 9·11테러 이후다. 무슬림과 이슬람교에 대한 정보가 전혀 없던 시절, 9·11테러를 접했다. 뉴스에서 목격한 9·11테러는 끔찍했다. 그 이후부터 이슬람교와 무슬림은 테러 조직이라는 편견이 마음속에 굳게 자리 잡았다. 무슬림이 어느 나라에 가장 많이 거주하는지, 이슬람교가 전하고자 하는 내용이 무엇인지 전혀 모르는 나의 무지는 무슬림을 두려운 존재로 인식하게 했다. 그리고 그 두려움은 마트에서 우연히 만난 무슬림을 IS 테러 조직과 연관시켰고, 그들을 혐오의 눈길로 바라보게 했다. 더 나아가서 그들이 하필이면 왜 우리 동네 마트에 왔는지, 빨리 내 눈앞에서 사라졌으면 좋겠다는 분노로 발전했다.

다양한 문화와 인종이 공존하는 세상에서 우리는 앞으로 낯선 경험을 셀 수 없이 많이 하게 될 것이다. 그때마다 두려움이라는 감정과 마주하지 않으려면 다양한 문화와 종교를 정확히 알아야 한다. 앎의 과정을 통해 낯섦이 조금이라도 극복된다면 두려움이라는 감정이 사라질 수 있기 때문이다. 그리고 두려움이 사라지면 자연스레 그들을 향한 혐오와 분노의 마음은 잠잠해질 것이다.

그리고 두려움을 잠재우기 위해서는 긍정의 자세를 갖는 것도 중요하다. 누스바움 또한 두려움으로 인한 감정을 뛰어넘어 더 나은 미래로 나갈 전략으로 긍정적 기운인 '희망'을 제시한다. 그녀는 우리가 겪는 모든 상황에서 "이 정도면 나쁘지 않아."라고 말하며 괜찮은 부분에 집중하고 "실패할 것 같아."라는 두려움보다 "정말 멋질 거야."라는 희망으로 미래를 맞이하자고 강조한다. 그녀의 말처럼 혐오라는 부정적 감정을 이겨 내는 것은 희망이고, 희망은 사랑에서 시작되는 법이다.

앞으로 히잡을 쓴 무슬림을 만난다면 그들에게 낯선 이방인이라는 불편한 시선을 보내고 싶지 않다. 그들을 피하고 싶지도 않다. 낯섦이 두려움이 되지 않도록 진실된 눈으로 그들을 바라보고 싶다. 그리고 희망이 무기력이 되지 않도록 편견을 거둬 내고 그들을 평범한 우리 이웃으로 바라볼 생각이다. 누스바움이 전하는 메시지처럼.

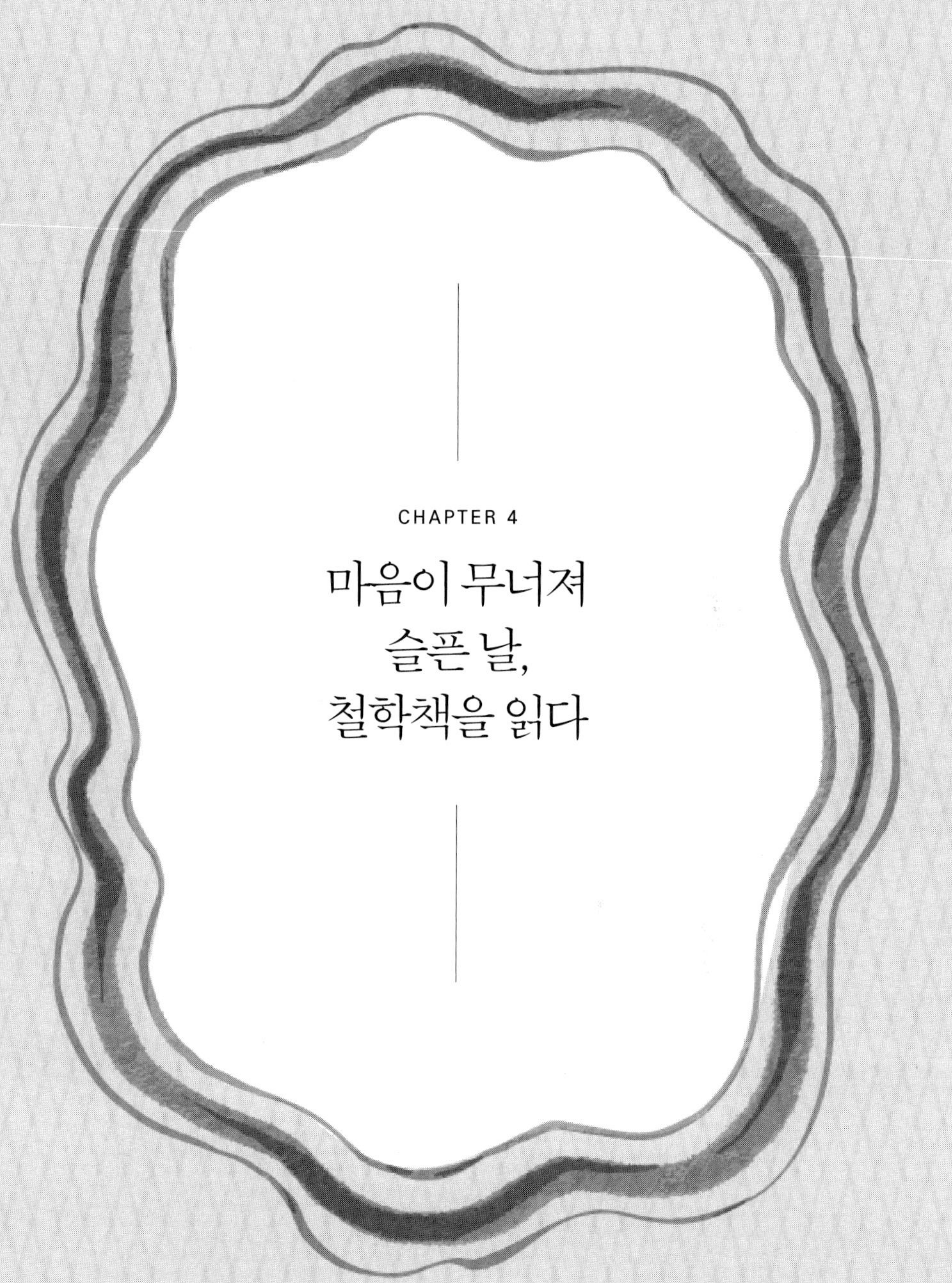

CHAPTER 4

마음이 무너져
슬픈 날,
철학책을 읽다

노화에 대한 고찰

버트런드 러셀 『나는 무엇을 위해 살아왔는가』

───────

노화가 시작되었고 점점 진행되고 있음을 온몸으로 느끼고 있다. 반갑지 않은 노화의 시작을 가장 먼저 알린 건 나의 두 눈이다. 종이를 손에 쥐고 원근을 조절하며 눈이 침침하다고 말하는 어른들의 모습을 이해하기 어려웠는데 요즘 내가 이 신기한 모습을 그대로 따라 하고 있다. 며칠 전에는 밀키트에 적힌 설명서가 원근을 조절해도 읽기 어려워, 핸드폰 카메라로 사진을 찍은 후 확대해서 읽는 지경에 이르렀다. 일상에서 불편함으로 갑자기 찾아온 노화는 나를 당황스럽게 한다. 노화와 마주하게 된 현실을 거부하고 싶다.

눈에서 시작된 노화는 다른 신체 부위에서도 나타나기 시작했다. 눈 다음으로 노화의 흔적과 마주한 건 피부다. 미간과 입가에서 희미하게 시작된 주름은 조금씩 깊은 골을 만들더니 화장으로도 숨길 수 없는 지경에 이르렀다. 거울을 보는 것이 두려워질 만큼 노화는 다른 부분으로 매일 서서히 번져 가고 있다.

최근 노화로 심각하게 걱정되는 부분은 머리카락이다. 하필이면 눈에 가장 잘 띄는 정수리에 셀 수 없이 많은 흰 머리카락이 예고 없이 들이닥쳤다. 한두 개가 아니라 뽑는 건 불가능하다. 빈약한 머리숱도 보전해야 하기에 정기적으로 흰 머리카락을 감추는 불편한 삶을 살고 있다. 다음에는 신체 어느 부분에서 노화의 흔적과 마주하게 될지 겁난다.

노화는 자연스럽게 거쳐야 하는 인생의 과정이건만 이렇게 빨리 내게 올 줄 몰랐다. 자연의 순리대로 살고 싶은데 노화만큼은 인정하고 싶지 않다. 지금보다 더 많은 노화의 흔적과 마주할 날을 생각하면 암울하다. 삶의 화두로 불쑥 등장한 노화와 마주하며 어떻게 늙어 가야 하는지, 그리고 어떻게 하면 젊음의 시간을 좀 더 유지할 수 있을지, 진지한 고민이 시작됐다.

인간이라면 피할 수 없는 노화에 대해 많은 철학자들이 자신의 견해를 밝힌다. 노화에 대한 여러 철학자의 이야기를 읽어 가던 중, 늙지 않는 비법을 알려 주는 철학자를 만났다. 그가 버트런드 러셀이다. 러셀이 전하는 문장은 다음과 같다.

나이를 먹으면서 심리적으로 경계해야 할 두 가지 위험이 있다. 그중 하나는 과거에 대한 부적절한 집착이다. (중략)
우리가 피해야 할 또 한 가지는 젊은이들의 원기를 빨아먹겠다는 희망으로 그들에게 매달리는 것이다. (중략) 만일 자녀들이 어렸을 때처럼 계속 관심을 쏟게 되면, 그들이 특별히 무던하지 않은 한 당신은 그들에게 짐이 되기 십상이다. 자녀들에게 관심을 갖지 말라는 것이 아니라, 우리의 관심이 사려 깊어야 하고 가능하다면 자애로워야 하지만 부적절하게 감정적이어서는 안 된다는 말이다.[54]

버트런드 러셀은 『나는 무엇을 위해 살아왔는가(What I have Lived for)』에서 여든 넘은 외할머니가 젊음을 유지했던 비법을 들려준다. 러셀이 관찰한 외할머니는 독서에 관심이 많았고 좋아하는 일을 꾸준히 실천했다. 그 모습에서 러셀은 세월의

---

54. 버트런드 러셀, 『나는 무엇을 위해 살아왔는가』, 최혁순 옮김, 문예출판사, 2013, p. 28~29.

숫자를 생각할 수 없었다고 말한다. 러셀의 외할머니처럼 우리 주변에도 나이를 실감할 수 없을 정도로 몸과 마음이 건강하신 분들을 볼 때가 있다. 그분들의 삶의 여정을 찬찬히 들여다보면 나이 듦도 축복이 될 수 있다는 위안이 생긴다.

차곡차곡 쌓인 인생 경험은 자연스럽게 차분함과 진중함 그리고 지혜로움을 갖게 할 줄 알았다. 그래서 나이 들면 좋은 사람이 될 것이라 믿었다. 마흔 정도 되면 충분히 좋은 사람으로 살 수 있을 것 같았다. 하지만 마흔이 훌쩍 넘은 내게 차분함, 진중함, 지혜로움은 찾아볼 수 없다. 나이만 먹었을 뿐, 놀랍게도 예전과 달라진 건 전혀 없다.

가끔은 차곡차곡 쌓인 인생 경험이 예상치 못한 지점에서 급발진하여 당황스러울 때가 있다. 예를 들면 살아온 세월만큼 하고 싶은 말이 많아져 타인의 일에 지나치게 간섭하거나, 쓸데없는 고집으로 주변 사람을 괴롭게 하는 모습이 보일 땐 당황스럽다. 그리고 때론 억울한 내 삶을 한탄하며 깊은 우울에 빠질 때도 있다. 이처럼 나이 듦의 과정에서 불편한 감정이 올라올 때면 러셀의 문장을 떠올린다. 러셀의 조언처럼 자애롭고 사려 깊은 적당한 관심을 보여 주는 고운 어른이 되고 싶은데, 나는 과연 그런 어른이 될 수 있을까.

마음 고운 어른이 되고 싶다

며칠 전, 처음 만난 낯선 사람과 대화를 나누다 자연스레 내 나이를 말하게 됐다. 상대는 나이를 듣더니 "우와, 동안이시네요."라는 말을 했다. 그 말을 듣는 순간, 잇몸이 만개했다. 마치 '나는 늙지 않았어. 아직까진 청춘이야.'라고 확인받는 기분이 들며 몹시 기뻤다. 하지만 기쁨의 시간도 찰나였다. 어디까지나 현재 내 나이보다 조금 어려 보인다는 것이지 내 나이를 줄일 수 없으며, 나이가 드는 과정 또한 피할 수 없는 법이다. 나라는 사람의 본질은 변하지 않으니까.

나를 비롯하여 많은 사람들은 노화를 반가워하지 않는다. 노화가 찾아오길 간절히 염원하거나 노화가 왔다고 축복하는 모습은 본 적이 없다. 노화는 모두에게 두려움의 대상이며, 갱년기는 사춘기 못지않게 인간의 삶에서 공포의 시기가 되어 버렸다.

사람들이 이토록 노화를 두려워하는 건 아마도 노화 다음에 찾아오는 죽음에 대한 불안 때문인 것 같다. 하지만 죽음은 반드시 노화 다음에 오지 않는다. 죽음에는 순서가 없기 때문이다. 늙어 간다고 당장 죽음을 준비할 필요도 없고, 삶을 서서히 정리할 필요도 전혀 없다. 언제 죽음과 마주할지 아무도 모른다. 그러니 하루하루 주어진 시간에 충실하고 좋아하는 일을 즐겁게 하며 자연스레 나이 듦을 인정하는 것도 유쾌하게 삶을 살아가는 자세라 생각한다.

출근 전, 거울을 보다 새로운 노화의 흔적과 마주했다. 이제 노화를 인정해야 할 때가 온 것 같다. 노화의 흔적이 속상해도 변하는 것은 없다. 언젠가는 겪을 일이고 누구나 겪는 일이다. 불평과 불만은 노화의 속도만 가속시킬 뿐이다. 늙지 않고 싶다면 오늘 하루, 즐겁게 지내 보는 건 어떨까. 오늘이 내가 제일 젊게 살 수 있는 날이라 생각하며.

그렇게 하루하루 즐겁게 살다 보면 부족한 내게도 진중함, 자애로움, 사려 깊음이 서서히 생겨 마음 고운 좋은 어른이 될 수 있지 않을까.

식물의 임종을 지켜보며

에리히 프롬 『우리는 여전히 삶을 사랑하는가』

———————

나이가 들수록 이상하게도 식물을 키워 보고 싶다는 생각이 자주 든다. 이 생각 때문에 집 근처 꽃집을 지날 때마다 참 괴롭다. 우리 집에 데려오고 싶은 것들이 많은데 살 수 없기 때문이다. 사고 싶은 욕구를 참는 건 여간 어려운 일이 아니다. 꽃집에서는 분명 예쁘고 파릇파릇하던 것들이 우리 집에만 오면 축 늘어져 서서히 죽어 간다. 꽃집 사장님의 말대로 일주일에 한 번씩 꼬박꼬박 물을 주었는데도 내 손만 거치면 신기하게도 생생하던 식물들은 하나같이 모두 임종의 순간을 맞이한다. 죽어 가는 식물을 보고 있으면 죄를 짓는 것 같아 꽃집 앞만 기웃거리다 돌아온다.

단골 미용실 원장님은 식물을 키우는 것이 취미다. 한 달에

한 번 정도 미용실에 가는데, 갈 때마다 원장님의 식물들은 아주 잘 자라고 있다. 키우기 힘들다는 열대식물은 매번 볼 때마다 잎을 뻗어 나가 천장을 뚫을 기세고, 작은 다육식물마저도 강인함을 뽐낸다. 원장님의 식물들은 하나같이 놀랍도록 건강하다. 우리 집 식물과 너무 다른 모습에 원장님에게 식물을 잘 키우려면 어떻게 해야 하는지 물었다.

"이번에는 진짜 잘 키워 보고 싶었는데. 물도 꼬박꼬박 잘 줬어요. 그런데 또 죽었어요. 어떻게 하면 원장님처럼 잘 키울 수 있을까요?"

"고객님, 물을 일주일에 한 번만 주라고 해도 식물이 필요하지 않을 땐 주면 안 돼요. 나무젓가락으로 화분 속을 찔러 보고 흙이 축축해 있으면 물을 주지 마세요. 흙이 말라 있을 때 그때 주시면 돼요. 요즘엔 식물 습도를 측정하는 기계도 있어요. 저는 그걸 이용해서 물을 줘야 할 때를 살펴보고 줘요."

원장님의 말씀을 듣고 깨달았다. 식물이 필요로 할 때 물을 줬어야 했는데 나는 지금까지 내가 주고 싶을 때 물을 주었다. 그리고 식물은 정기적으로 물을 듬뿍 줘야 한다는 편견 때문에 지금까지 지나치게 많은 물을 공급했다는 사실도 알게 되었다. 나는 식물의 성장을 방해하고 있었다.

때마침 읽고 있던 에리히 프롬의 『우리는 여전히 삶을 사랑하는가(Lieben wir das Leben noch?)』에도 식물을 대하는 나의 모습을 돌아보게 하는 구절이 등장한다.

> 삶을 사랑하건, 다른 사람이나 동물, 꽃을 사랑하건 모든 종류의 사랑에 적용되는 기본 원칙이 있다. 내 사랑이 적절하고 상대의 욕망과 본성에 맞을 때에만 나는 사랑할 수 있다.
>
> 적은 물을 필요로 하는 식물이라면 그 식물에 대한 사랑은 필요한 만큼만 물을 주는 것으로 표현된다. (중략) 단순히 사랑만 하는 것으로는, 다른 생명체가 '잘되기를 바라는' 것만으로는 충분하지 않다. 식물이, 동물이, 아이가, 남편이, 아내가 뭘 필요로 하는지 모르고 무엇이 상대에게 최선인지 정한 내 선입견과 상대를 통제하려는 욕망을 버릴 수 없다면 내 사랑은 파괴적이다.[55]

프롬은 모든 면에서 과거보다 풍족하지만, 마음 한 켠에 불편한 감정의 돌덩이를 안고 살아가는 현대인의 삶을 예리하게

---

55. 에리히 프롬, 『우리는 여전히 삶을 사랑하는가』, 라이너 풍크 엮음, 장혜경 옮김, 김영사, 2022, p. 28.

관찰했다. 그는 현대인들이 겪는 심리적 문제를 살폈고 그들이 삶을 무의미하게 여기는 이유를 탐색했다. 반복된 일상이 건넨 무력감, 풍요로운 삶 속에서 느끼는 공허함, 편리한 삶이 놓쳐 버린 허전함 등 현대인이 느끼는 불편한 감정들을 상세히 언급하며 이를 극복하기 위한 자세를 알려 주고자 노력했다. 그는 불편한 마음속 돌덩이를 하나둘 덜어 낼 것, 그럼에도 불구하고 삶을 사랑할 것을 끊임없이 강조했다.

그의 저서 『우리는 여전히 삶을 사랑하는가』는 비교적 가볍게 읽힌다. 내가 경험했던 불편한 감정들을 꼬집어 이야기하고 있어 읽는 내내 상담받는 기분이 들기도 했다. 공감하며 쉽게 읽었으나, 삶에 대한 이런저런 생각할 거리들을 묵직하게 안겨 줘 매력 넘치는 책이라 생각한다.

내 사랑이 독이 되지 않길

식물의 상태를 살펴보지 않고, 일주일에 한 번씩 물을 준 나의 편견은 매번 식물을 죽였다. 상대가 필요로 하는 것을 상황과 조건에 적합하게 베풀고 그를 보살펴야 하는데, 나는 내 방식대로 파괴적 사랑을 한 셈이다. 나의 파괴적 사랑은 아들에게도 이어졌다.

사춘기의 정점에 이른 아들은 집에서 말을 거의 하지 않는다. 종알종알 말 많던 아이가 어느 날 갑자기 묵언수행하는 수행자처럼 물어봐도 대답하지 않는다. 그의 낭랑했던 목소리를 들은 지 오래됐다. 그도 처음 경험하는 사춘기가 낯설겠지만, 나도 엄마가 처음인지라 사춘기 아들을 상대하는 것이 난감하다. 학교생활은 어떤지, 친구관계는 원만한지, 먹고 싶은 건 없는지. 이것저것 궁금한 마음에 여러 이야기를 건네지만, 아들에게서 돌아오는 답변은 늘 한결같다. "내가 알아서 할게." 그는 늘 이 말만 반복한다. 이 말이라도 해 줘서 다행이지만.

우리의 삶도 식물을 키우는 것과 비슷하다. 사춘기 아들에게는 적당히 관심을 꺼 주는 것도 괜찮은 사랑의 표현일 텐데, 아들의 일거수일투족을 간섭하며 내 사랑을 강요했다. 아들이 원하는 사랑을 주어야 하는데, 내가 사랑하고픈 방식대로 사랑을 표현하니 갈등은 깊어질 수밖에 없다.

필요할 때 적당히 물을 주어야 식물이 건강하게 자랄 수 있듯, 사랑도 마찬가지다. 자신만의 생각에 사로잡혀 자기 방식대로 사랑을 표현해 봤자 상대방이 원하지 않는다면 그 사랑은 독이 될 수 있다. 적절한 관심으로 상대가 원하는 바를 잘 살펴야 식물도 잘 키워 낼 수 있고 사랑에도 성공할 수 있다.

아들의 사춘기는 나아질 기미를 보이지 않고 계속 새로운 정점을 경신하는 중이다. 하지만 사춘기 아들과 지내며 나름의 요령을 터득한 나는 예전처럼 이것저것 꼬치꼬치 묻고 간섭하지 않는다. 그가 건강하게 이 시기를 이겨 내길 응원하며, 조용히 엄마표 밥을 준비하고 있다. 따뜻한 밥에 내 마음을 듬뿍 담아 사랑을 표현하는 중이다. 그 역시 꾸역꾸역 밥을 먹다 '맛있어요.'라는 말을 무심히 툭 던지며 내게 사랑을 표현하는 눈치다. 이렇게 아들과 나는 우리 방식대로 사랑을 표현하며 지낸다.

퇴근길 꽃집에 들러 반려식물을 모셔 올 예정이다. 아들을 향한 사랑의 방식을 바꿨듯, 식물을 대하는 나의 태도도 바꿔 볼 생각이다. 이번엔 기필코 식물이 필요로 할 때 물을 줄 것이며, 식물이 보내는 신호를 잘 알아차릴 것이다.

부디 식물의 만수무강을 기원한다.

아들의 죽음, 위로받을 수 있을까

세네카『철학자의 위로』

마흔에 글을 써 보겠다고 결심한 나는 박완서 작가의 책에 관심이 많다. 솔직한 감정을 담아낸 문체가 강하면서 묘한 매력을 풍겨 읽고 또 읽게 된다. 그리고 인생의 비슷한 시기에 글쓰기를 시작했다는 나와의 공통점을 애써 찾아내어 더욱 박완서 작가의 책을 좋아하는지도 모르겠다.

최근 그녀의 책『한 말씀만 하소서』를 읽었다. 책 표지에서 지금까지 들어본 적 없는 '참척(慘慽)'이라는 낯선 단어를 만났다. '참척'은 자손이 부모나 조부모보다 먼저 죽는 일을 뜻한다. 그녀는 애석하게도 아들을 먼저 하늘나라로 보냈다. 이 책에서 그녀는 아들 잃은 고통과 슬픔, 즉 참척의 마음을 담담히 전한다. 술을 마시지 않으면 잠들 수 없는 날들, 아들의 죽음 앞에서도 배가 고파 밥을 먹어야 하는, 인간이 어쩔 수 없이 갖는 한계, 주변 사람들의 위로가 불편함으로 느껴지는 곤란한 시간들, 그리고 자식을 먼저 보낸 죄 많은 엄마라는 죄책감을 글로 전한다. 감당하기 힘든 불편한 감정을 담담하게 꾹꾹 눌러썼을 작가의 심정이 공감 가서 글을 읽는 내내 가슴이 아렸다. 그리고 내 곁에 아들과 딸이 없다고 잠시 생각하니 눈앞이 아찔했다.

박완서 작가의 글을 읽으며 '죽음에 정해진 순서가 있을까'라는 화두와 마주했다. 인간의 일생을 보통 아동기, 청소년기, 성인기, 노년기로 구분한다. 그리고 우리의 고정관념 속에는 시기별로 이루어야 할 과업이 정해져 있다. 고정관념 속 노년기의 과업에는 삶을 정리하고 죽음을 준비하는 과정이 포함된다. 하지만 노인만 죽음을 준비해야 하는 것은 아니다. 먼저 온 사람이 먼저 가는 게 자연의 이치 같지만, 애석하게도 죽음에는 정해진 순서가 없다. 이 글을 쓰고 있는 나도, 그리고 이 글을 읽고 있는 당신도 어느 날 갑자기 죽음을 맞이할 가능성이 있다.

죽음의 순서가 엉켜 버린 건 감당하기 힘든 큰 고통의 시간이다. 특히 자식의 죽음은 더욱 그렇다. 상상조차 하기 싫은 금기의 영역이다. 오랜 시간이 지나도 참척의 고통은 가슴에 박혀 잊히지 않을 것 같다. 박완서 작가처럼 죽음의 순서가 엉켜 자식을 잃은 큰 고통에 놓인 한 여인을 위로해 준 철학자가 있다. 스토아 철학자 세네카이다. 그는 아들을 잃고 고통스러워하는 한 여인에게 편지를 보내 그녀의 고통을 위로했다.

저마다의 끝은 정해져 있습니다. 그 끝은 처음 놓인 그대로 머물 것이며, 어떤 노력과 영향력으로도 뒤로 밀리지 않을 거예요. 그렇게 당신의 아들은 계획된 대로 삶을 마쳤다고 여기세요. 그는 자신의 수명을 지녔으며, "그리고 정해진 시간의 목적지에 이르렀습니다."

우리 모두는 죽음에 가까워진 것이 노인이나 이미 내리막에 있는 사람뿐이라고 착각하고 있지요. 하지만 유년기의 아이도 청년도 모든 나이에서 우리는 이미 죽음을 향해 움직이고 있습니다. 운명은 제 일을 합니다. 우리가 죽는다는 것을 알아차리지 못하도록, 죽음이 더 쉽게 우리에게 숨어 들어올 수 있도록 삶이라는 이름으로 죽음을 숨겨 두지요.[56]

『철학자의 위로』는 제목이 마음에 들어 읽기 시작한 책이

---

56. 루키우스 안나이우스 세네카, 『철학자의 위로』, 이세운 옮김, 민음사, 2022, p. 58.

다. 누군가의 따뜻한 위로를 갈망하는 내게 철학자는 어떤 위로를 건넬까 궁금했다. 위로받고 싶은 마음을 가득 안고 독서를 시작했다. 이 책은 자식을 잃은 이에게, 가족의 고통을 지켜보는 이에게, 그리고 형제를 그리워하는 이에게 보내는 편지들로 구성되어 있다.

죽음의 순서가 엉켜 버린 직장 동료의 장례식장에 간 적이 있다. 하염없이 통곡하는 동료에게 어떤 말도 건넬 수 없었다. 위로를 건네고 싶었지만 할 수 있는 게 없다는 생각에 동료의 손만 꼭 잡았던 기억이 난다. 이런 상황에서 세네카는 어떤 위로를 건넬지 궁금했다. 어떻게 위로받아야 일상을 회복하고 마음의 안정을 찾을 수 있을지 알고 싶었다. 자식을 잃은 이에게 건넨 세네카의 글을 여러 번 읽어 봤다.

이 글에서 세네카는 자식을 잃고 슬퍼하는 여인에게 죽음은 누구에게나 닥칠 일이니 너무 슬퍼하지 말라고 말한다. 그는 비교적 담담하게, 그리고 이성적으로 자식 잃은 여인을 위로한다. 이성보다 감정이 앞서는 나로서는 세네카의 위로가 차갑게 들리기도 했다. 하지만 하늘이 무너질 것 같은 암흑의 시간이 찾아와도 산 사람은 살아지게 마련이다. 남아 있는 가족을 위해 버텨야 하기 때문이다. 마냥 슬퍼할 수만은 없는 노

릇이다. 그렇게 꾸역꾸역 버티다 보면 시간이 흐르면서 감정
은 희미해지고 이성이 찾아온다. 어쩌면 세네카는 이 모든 과
정을 알고 있었기에 자식을 잃은 여인에게 담담한 위로를 건
넸을지도 모르겠다.

일상에 숨어 있는 죽음과 마주하며

내가 가까이에서 마주한 최초의 죽음은 아빠의 죽음이다.
울먹이며 아빠의 임종을 전달하던 동생의 목소리, 숨을 허덕
이며 고통스러워하던 아빠의 마지막 얼굴이 생각나 지금도 눈
을 질끈 감는다. 예고 없이 갑자기 닥친 아빠의 죽음은 고통스
러웠다. 장례식을 치르는 3일간의 시간이 어떻게 지나갔는지
생각나지 않을 정도로 아빠의 죽음은 쉽게 받아들여지지 않았
다. 아빠의 물건을 정리하고 아빠의 전화기를 해지하고 그 뒤
로도 남아 있는 지루한 여러 과정들을 마무리 지을 즈음, 아빠
가 곁에 없다는 사실이 실감 났다.

100세 시대라는 시대의 부름에 부응하지 못하고 60대에
바쁘게 세상을 떠난 아빠를 생각하면 안타까움에 미련이 남는
다. 아빠를 보내 드리고 몇 년 동안은 운전하다가도 눈물이 흘
렀고, 맛있는 음식을 먹을 때도 일찍 떠난 아빠를 생각하면 목

이 메었다. 하지만 시간은 언제나 좋은 약이 된다. 아빠가 떠난 지 10여 년쯤 지난 요즘은 '아빠의 정해진 운명의 목적지가 여기까지였을까'라는 생각을 하며 자연스레 아빠의 죽음을 받아들이게 되었다.

이성적으로 담담한 위로를 건네는 세네카의 문장을 읽으며 처음엔 '이게 가능할까, 이런 위로도 위로가 될 수 있을까.'라는 의구심이 들었다. 하지만 여러 차례 그의 문장을 읽고 내가 마주한 죽음과 함께 생각해 보니, 죽음이 마냥 두려운 존재는 아니었다. 죽음을 두려운 존재로만 생각하면 막상 죽음이 닥쳤을 때 슬프고 억울할 것도 같다.

언제 닥칠지 모르는 죽음에 의연하게 대처하기 위해서는 흘러가는 시간을 유의미하게 보내는 게 좋다. 죽음에 대해 심각하게 고민해 봤자 우리는 언젠가 죽음을 맞이한다. 그리고 내 목숨보다 아끼는 누군가도 죽음을 맞이할 수밖에 없다. 그 시간은 나보다 빠를 수도 있고 나보다 늦을 수도 있다. 죽음의 시간이 언제 찾아올지는 아무도 모른다. 그러니 나를 사랑하고, 내가 아끼는 사람들에게 진심으로 사랑을 표현하자. 사랑이라는 말은 언제 어디서나 누구에게나 감동을 주기 마련이다. 후회가 조금도 남지 않도록 최선을 다해 사랑하고 표현

하자. 그래야 삶 속에 숨어 있는 죽음이 갑자기 찾아와도 조금
덜 억울하고 덜 분하고 덜 속상하게 죽음을 받아들일 수 있을
테니까.

잠이 보약이다

쇼펜하우어 『당신의 인생이 왜 힘들지 않아야 한다고 생각하십니까』

삶의 무게감에 지쳐 냉정하게 나를 바라볼 힘도 타인을 배려할 조금의 여유도 없는 날이 있다. 뾰족한 칼날처럼, 몸과 마음이 약속이라도 한 듯 날카롭다. 이런 날은 의식적으로 모든 것을 조심하려고 노력한다. 하지만 아무리 노력해도 몸과 마음이 내 뜻대로 되지 않아 곤란할 때가 있다. 뾰족하게 날 선 감정은 누구라도 걸리기만 하면 잡아먹을 기세고, 축 늘어진 몸은 숨만 쉬고 있을 뿐 내 뜻대로 움직이지 않는다. 깊은 한숨과 함께 '힘들다'는 말만 반복하고 있다.

아침부터 이런 몹쓸 기분이 몰려오는 날엔 꾹꾹 참으며 하루가 저물기만 기다린다. 하지만 잘 참다가도 일을 마치고 집에 오면 나를 기다리는 온갖 집안일에 몸과 마음이 무너진다.

대부분의 맞벌이 여성은 공감하겠지만 우리는 직장에서 퇴근하면 곧장 또 다른 제2의 직장으로 출근한다. 퇴근하자마자 출근해야 하는 고달픈 삶의 여정이 계속된다.

집안일이라는 것이 눈에 띄는 성과를 보여 주는 것은 아니지만, 집안일 중에는 하루라도 하지 않으면 빈틈이 보여 매일 해야 하는 것들이 꽤 많다. 인내심을 갖고 해야 하며, 수시로 손 가는 일투성이다. 집안일은 지금까지 해 본 일 중, 난이도 최상의 업무라 생각한다.

기분이 괜찮은 날엔 꾸역꾸역 어떻게든 해내고자 애쓴다. 하지만 기분이 좋지 않은 날엔 손가락 한 개도 까딱하기 싫다. 기분이 좋지 않은 날, 억지로 집안일을 하다가는 사랑하는 가족들만 내 감정의 쓰레받기가 될 가능성이 크다. 그래서 꼭 필요한 것만 후다닥 하고는 빠르게 침대와 한 몸이 된다. 그리고 나의 감정이 정상이 아님을 가족에게 알리고 꼭 해야 할 일은 정중히 부탁한다. 감정을 다스리지 않고 마구 뱉어 낸 말과 생각 없는 거친 행동으로 사랑하는 사람들에게 상처를 주며 깨달은 진리다. 힘들면 솔직하게 말하고 피하는 게 최선이다. 그리고 이런 날엔 배달 음식을 먹는 것도 훌륭한 삶의 지혜라 생각한다.

내일 아침엔 부디 새로운 나를 만나길 기도하며 눈을 감는다. 바짝 뾰족해진 감정이 나의 의지와 무관하게 어떤 행동을 저지를지 두려워지는 날엔 잠이 보약이라 생각한다. 깨어 있다가는 타인에게 상처만 줄 것이 뻔하기 때문이다. 철학책을 뒤적이다 나와 비슷한 생각을 가진 철학자를 만났다. 염세주의자[57]로 알려진 독일의 철학자 쇼펜하우어(Arthur Schopenhauer, 1788년~1860년)다. 아래가 그가 전하는 문장이다.

> 자신이 증오스러울 땐 자는 것이 최고다. 도박도, 기도도, 명상도 도움이 안 된다. 여행도 도움이 안 되고, 술을 먹어 봐야 자기혐오만 짙어질 뿐이다. 잘 먹고, 잘 자고, 일찍 일어나는 것이 자기혐오를 극복하는 가장 좋은 해결책이다. 혐오스러운 오늘로부터 조금이라도 빨리 떠나는 것이 상책이다.[58]

쇼펜하우어는 삶은 고통이라고 말했다. 그가 남긴 "태어나지 않는 것이 최선이며, 태어났다면 목숨을 끊는 게 차선이

---

57. 염세주의는 세상이나 인생을 불행하고 비참한 것으로 보며, 개혁이나 진보는 불가능하다고 보는 경향이나 태도다. 염세주의자는 염세주의를 따르거나 주장하는 사람이다.

58. 아르투어 쇼펜하우어, 『당신의 인생이 왜 힘들지 않아야 한다고 생각하십니까』, 김욱 엮고 옮김, 포레스트북스, 2023, p. 78.

다."라는 말에서도 삶을 대하는 쇼펜하우어의 태도를 엿볼 수
있다.

쇼펜하우어를 처음 만난 건 대학 시절 어느 겨울날이었다.
11월의 을씨년스런 날씨와 도서관 구석의 낡은 책 냄새, 그리
고 외로움은 우울에 빠져들기 충분한 조건이었다. 꽃길만 펼
쳐질 줄 알았던 젊음은 살아 보니 아니었다. 일상 곳곳에는 감
당하기 무거운 감정들이 숨어 있었다. 앞날에 대한 막연한 불
안은 공포가 되어 매일 나를 짓눌렀고 불평등한 사회 현실에
눈을 뜨니 분노가 싹텄다. 사람들과 함께 있지만 해소되지 않
는 외로움도 감당하기 힘들었다. 여러 불편한 감정에서 해방
되고 싶을 땐, 도서관 구석에서 머리카락을 뜯으며 책을 뒤적
였다. 그때 쇼펜하우어를 만났다. 그의 비관적 태도는 내 마음
을 사로잡았다. 내게도 삶은 고통이었으니까. 하지만 그의 어
두움이 고스란히 내게 전염될까 두렵기도 했다. 우울의 깊은
늪에 빠져 현실을 거부하게 될 것 같았다. 그래서 의도적으로
그의 문장을 피했는데, 최근 그의 문장과 마주했다.

마흔이 넘어 그의 문장을 읽으니, '쇼펜하우어가 과연 비관
론자, 염세주의자가 맞을까?'라는 의문이 생겼다. 삶을 마냥
부정적으로만 바라보지 않은 것 같았다. 그가 전하는 문장은

의외로 낙천적이었고 곳곳에 유머가 숨어 있었다. 그리고 '네 삶만 힘든 것이 아니야. 인간으로 살아가는 한 우리 모두의 삶은 고통으로 가득해. 그러니 너도 힘내.'라는 격려의 의미로 들리기도 했다. 염세주의자라는 편견에 사로잡혀 그의 진짜 모습을 발견하지 못한 것 같았다.

불편한 현실을 꼬집어 말하는 직설적 문체 덕에 쇼펜하우어의 글은 잘 읽히는 편이다. 책장을 쉽게 넘길 수 있기에 어렵지 않게 도전할 수 있는 철학책이라 생각한다. '너무 잘하려고 애쓰지 말고, 적당히 하라.'는 그의 조언은 바짝 날 선 뾰족한 감정을 잠재우기에 충분했다.

내 삶의 무게가 제일 무거운 법이다

모두가 부러워하는 축복받은 인생을 사는 지인이 있다. 유복한 가정에서 태어나 돈 걱정 없이 자랐고, 능력과 다정함 모두를 갖춘 남편을 만났으며 자식들도 하나같이 일이 잘 풀렸다. 그분의 삶의 무게는 늘 가벼워 보였다. 내가 그분이라면 하루하루 사는 재미가 있을 것 같았다. 우연히 차를 마시며 이야기를 나누다 그분께 물었다.

"열심히 살고자 노력했는데, 매번 제 삶은 고난의 연속이네요. 쉬운 게 단 하나도 없어요. 왜 제 삶의 무게만 이렇게 무거울까요? 모든 걸 다 가지셔서 제 마음 모르시죠?"

가만히 내 이야기를 듣던 지인은 "내 삶과 바꿀래요?"라고 답했다. 흠결 없는 완벽한 삶을 산다고 생각했던 그분의 삶에도 깊은 고민이 있었다. 어찌 보면 내 삶의 무게보다 더 무거운 삶의 무게를 감당하고 있는 것도 같았다. 한참 이야기를 나눈 후, 나는 내 삶의 무게를 군말 없이 받아들이기로 했다.

우리는 종종 왜 내 삶만 힘드냐고 투덜댄다. 그리고 자신이 세상에서 가장 불행한 사람임을 강조한다. 이보다 더 불행할 수 없다며 상대방과 경쟁하듯 불행 배틀을 벌이기도 한다. 하지만 모든 사람의 삶에는 행복과 불행이 공존한다. 늘 행복한 사람도 매일 불행한 사람도 없다. 하루하루를 버티며 살아갈 뿐이다.

걱정 없어 보이는 부자도, 명성을 떨치는 유명인도, 모든 것을 다 가진 권력자도 세상 사람 모두 주어진 삶을 버티고, 버티고, 버티며 살아간다. 가까이서 자세히 보면 사람 사는 모습은 모두 비슷하다. 버티는 방법만 조금씩 다를 뿐이다. 쇼펜하우어의 말처럼 누구에게나 주어진 삶의 무게는 무겁고 인생은 고통인 법이니까.

날카로운 감정 때문에 힘들다면, 그래서 자신의 삶의 무게만 유독 무겁게 느껴진다면, 쇼펜하우어의 외침처럼 잘 먹고, 잘 자는 기본적 욕구에 충실해 보는 것은 어떨까. 기본적 욕구가 채워지면 뾰족했던 감정도, 날카로운 마음도 무뎌질 수 있을 것이다.

푹 자고 일어나자. 분명 세상이 다르게 보일 테니까.

고상한 위로를 건네는 방법

존 스튜어트 밀 『공리주의』

기분이 좋지 않거나 감정이 바닥을 칠 땐 보통 혼자 이겨 내려 노력하는 편이다. 오염된 기분으로 누군가의 감정을 건드리고 싶지도 않고, 내 감정이 좋지 않음을 소문내는 것 같아 어떻게든 혼자 이겨 내려 노력한다.

그러던 어느 날, 친구 A에게서 전화가 왔다. 서로의 근황을 잠시 확인한 후, 친구 A는 목소리가 좋지 않다며 나의 안부를 걱정했다. A에게 나는 요즘 좋지 않은 일이 있었음을 밝혔고, 이로 인해 감정을 추스르기 힘들다는 말도 어렵게 꺼냈다. 내 이야기를 가만히 듣던 A는 "야, 그래도 네 삶이 B보다는 낫잖아."라며 예의 없는 위로를 건넸다. 이런 위로를 받을 때면 우울했던 기분은 불쾌해진다.

사람마다 삶의 기준과 목적, 지향하는 바는 모두 다르다. 행복하다고 여기는 삶의 방식 또한 다르다. 그런데 누구보다 나은 삶, 누구보다 괜찮은 삶이 어디 있겠는가. 자신에게 주어진 삶을 어떻게든 감내하려 애쓰는 누군가의 삶이 은연중에 나의 삶과 비교 대상이 되어 내가 잘 살고 있음을 증명하려 할 때면 행복을 멀리하고 싶다는 희한한 생각마저 든다. 타인과 비교하면서까지 행복을 구걸하는 내 모습이 지긋지긋하게 느껴지기 때문이다. 행복에도 즐거움에도 그리고 타인에게 전하는 위로의 말에도 인간이기 때문에 저버리지 말아야 할 고상함이 있어야 한다.

인간이 가진 고상한 감정에 대해 진지하게 이야기한 철학자가 있다. 그가 앞에서도 이야기했던 영국의 철학자 존 스튜어트 밀이다. 밀은 『공리주의(Utilitarianism)』에서 다음과 같은 문장을 전한다.

보다 고상한 감정을 향유하는 능력은 말하자면 성질이 매우 연약한 나무와도 같다. 그래서 적대적인 영향 아래서는 물론, 영양분이 조금만 부족해도 쉽게 죽고 만다.[59]

---

59. 존 스튜어트 밀, 『공리주의』, 서병훈 옮김, 책세상, 2018, p. 33.

밀은 인간은 고상한 감정을 가진 존재라고 말했다. 그는 "배부른 돼지가 되기보다는 배고픈 인간이 되는 것이 더 낫다."는 말로 우리에게 익숙한 공리주의자이다. 공리주의는 쉽게 말해, '최대 다수의 최대 행복'을 강조하는 사상이다. 흔히 공리주의를 양적 공리주의와 질적 공리주의로 나누어 설명하는데, 밀은 질적 공리주의자로 분류된다. 그는 양적 쾌락과 질적 쾌락을 구분하고 두 쾌락이 서로 유사해 보여도 차이점이 있음을 강조했다. 그리고 질적 쾌락을 추구하는 인간의 고상한 감정을 언급하며 진정한 행복을 얻기 위해서는 도덕성이 필요하다고 주장했다. 도덕이 중요한 이유는 그것만이 세상의 고통을 줄이고 행복을 증진시킬 수 있기 때문이라는 설명을 덧붙이며.

그의 이러한 생각을 상세하게 보여 주는 책이 『공리주의』다. 『공리주의』는 150쪽 내외의 철학책치고는 짧은 분량으로 되어 있어 철학책 읽기에 입문하고자 하는 사람들이 많이 선택하는 책이기도 하다. 짧은 분량에 비해 쉽게 이해할 수 있는 책은 아니라고 생각한다. 처음 읽을 때는 문장을 수집하기 어려워 글만 읽었고, 두 번째로 읽을 때부터 문장을 조금씩 수집할 수 있었다.

밀이 이야기하는 고상한 감정을 향유하는 능력.

나는 이 능력을 어떠한 상황에서도 인간으로서의 품위를 잃지 않는 능력이라고 생각한다. 이러한 능력을 밀은 연약한 식물에 비유했다. 밀은 인간으로서 품위를 잃지 않기 위해서는 연약한 식물을 다루듯 감정을 돌보라고 전한다. 인간으로서의 품위를 지켜 내기 위해서는 '건강한 육체에 건강한 정신'이라는 말처럼 신체에 영양도 잘 공급하고 수시로 이어지는 유혹의 상황도 잘 견뎌 낼 것을 강조했다.

인간으로서의 품위를 지키며 사는 법

누구에게나 마음속 분노 버튼이 있다. '좋은 게 좋은 거지.'라는 생각에 대체적으로 참고 지내는 편인데, '이건 아닌데.'라는 생각에 마음속 분노 버튼이 작동될 때가 있다. 나는 주로 억울함을 느낄 때 분노 버튼이 작동되는 편이다. '지금까지 내가 어떻게 살아왔는데 감히 나한테 이렇게 한다고?'라는 생각에 분노가 치밀어 오른다.

늘 그렇듯 분노는 막말과 수습 불가능한 행동을 동반한다. 분노한 사람의 언행에서는 품위라곤 눈을 씻고 찾아봐도 없다. 품위를 저버린 삶은 후회만 가득 안겨 준다. 한 시간만 지나도, 아니 10분만 지나도 이런 상황을 자초한 내가 원망스러워진다. 이 모든 과정을 수습하는 것도 온전히 내 몫이기에 삶은 너덜너덜해질 수밖에 없다.

삶이라는 것이 예고 없이 들이닥치는 사건, 사고의 연속이라 감정을 통제하기 어려울 때가 있다. 그리고 불편한 상황을 애써 견뎌 내는 내 모습이 만만하게 느껴질까 싶어 의도적으로 거친 행동을 과하게 할 때도 있다. 하지만 인간으로서 지켜야 할 최소한의 품위를 망각한 채, 아무렇지 않은 듯 살아 봤자 결국 비참한 삶일 뿐이다. 품위를 잃고 날뛰어 봤자 내게 남는 건 후회밖에 없다. 그리고 내가 저지른 일로 인해 무수히 많은 날을 자괴감에 빠져 지내야 한다. 그러니 품위를 저버릴 수밖에 없는 상황일지라도 품위를 지키고자 노력하는 것이 고단한 인생길의 혜안(慧眼)이 될 수 있다.

품위를 지키며 살고 싶다면 밀의 조언처럼 여유라는 영양분을 가져 보는 건 어떨까. 여유를 갖고 세상을 바라보면 조급한 마음 때문에 놓쳤던 것들이 눈에 보이기 시작할 것이다. 내가 가진 그나마 좋은 점들, 타인이 베푼 사소하고 작은 나눔, 그리고 자연의 소중함까지, 분노에 가려져 있던 소중한 삶의 조각들이 빼꼼히 고개를 내밀 것이다. 그리고 위로가 필요한 누군가에게 따뜻한 말을 건넬 수 있는 넉넉함도 생길 것이다. 적당한 위로의 말을 건네기 어렵다면 엷은 미소로 그의 이야기를 조용히 들어 주는 것도 고상한 위로가 될 수 있다. 내 이야기를 들어 줄 누군가가 있다는 사실만이라도 때론 삶을 살아가는 이유가 될 수 있으니까.

고상함은 인간만이 갖는 특권이다. 어떤 상황에서도 부디 고상함을 장착하고 인간으로서의 품위를 지키며 살아가자. 한 번뿐인 삶, 비루한 인생으로 살진 말자.

SNS가 건넨 불편한 위로

미셸 드 몽테뉴 『수상록』

———

24시간 중 어디에도 속하지 못하는 애매한 자투리 시간이 있다. 그럴 때면 익숙하게 핸드폰을 꺼내 SNS 앱을 연다. 엘리베이터 안에서 낯선 타인과의 공기가 부담스러울 때, 버스 정류장에서 버스를 기다리는 시간이 지루할 때, 그리고 철저히 혼자여야만 하는 화장실에서도. 시공간의 구분 없이 내게 주어진 자투리 시간엔 어김없이 SNS를 열어 본다. 팔로우한 사람들이 올린 일상을 예리하게 살피고 알고리즘이 골라 준 낯선 타인의 삶도 흥미롭게 엿본다. 자투리 시간에 시작한 SNS 탐색은 자연스럽게 장시간 이어진다. 이제는 자투리 시간뿐 아니라 기분이 울적한 날에도, 위로가 필요한 날에도, 그냥 그런 평범한 날에도 어김없이 SNS를 본다. SNS는 내 일상에 아주 깊숙이 스며들어 있다.

SNS 속 사람들은 경쟁하듯 일상의 화려함을 뽐낸다. 값비싼 옷을 입고 명품 로고가 찍힌 가방을 손에 들고 근사한 장소에서 잘 차려진 음식을 먹으며 자랑스럽게 자신의 흔적을 남긴다. 남들보다 내가 더 많이 가지고 있음을 은근히 대놓고 자랑한다.

이런 SNS 속 타인들의 화려한 삶을 넋 놓고 바라보면 숨겨진 욕망이 슬며시 올라올 때가 있다. 그들이 소유한 것들을 갖고 싶은 마음에 더 집중하여 SNS를 뚫어져라 바라본다. 경쟁하듯 더 화려한 타인의 모습이 등장하고 온갖 광고가 나의 욕망을 더욱 부추긴다. 욕망을 이룰 수 없는 불편한 현실을 자각할 즈음, 남들이 소유한 걸 왜 나만 소유하지 못할까, 도대체 뭐가 부족해서, 라는 생각이 들며 우울함은 깊어진다. SNS는 무료하고 울적했던 내게 불편한 위로를 건넨다.

SNS 계정을 갖게 된 것은 그리 오래되지 않았다. 새로운 문화에 뒤처지는 것 같아 계정을 만들고 싶었지만 개인적 생활을 공개하는 것이 꺼림직해 참았다. 그렇게 몇 년을 고민하다 계정을 만들었다.

타인에게 내 삶을 은근히 자랑하고 싶은 욕망이 들 때가 있다. 그럴 때면 SNS에 글과 사진을 올린다. 사진을 찍을 때는 빛의 방향과 배경, 사물의 구도까지 나름대로 세심하게 고려한다. 여러 장의 사진을 찍은 후, 가장 잘 나온 사진을 신중하게 고른다. 사진을 선택한 후에는 색감 보정과 위치 변경 등 알고 있는 편집 기술을 총동원해 여러 차례 사진을 다듬는다. 사진과 함께 올릴 글도 썼다, 지웠다를 반복하고 눈에 띄는 해시태그를 만들기 위해 머리를 쥐어짠다. 그러다 보니 하나의 피드를 생산하는 데는 꽤 많은 시간과 노력이 소요된다.

이렇게 피드를 업로드한 어느 날 '현타'[60]가 왔다.

타인에게 보이는 모습을 창조해 내기 위해 어울리지 않는 가면을 쓰고 있는 건 아닌지 내 모습이 낯설게 느껴졌다. SNS 속 내 모습은 어플의 놀라운 기술로 이미 낯선 타인의 모습을 하고 있고, 그 속에서 나는 방황하며 어쩔 줄 몰라 한다. 어떤 날은 의도적으로 행복한 척. 어떤 날은 애써 태연한 척. 그리고 가끔은 우울한 기분을 에둘러 표현하기도 한다. 가면

---

60. '현실 자각 타임'을 줄여 이르는 말로, 헛된 꿈이나 망상 따위에 빠져 있다가 자기가 처한 실제 상황을 깨닫게 되는 시간.

을 쓰고 행복해하고 우울해하며 타인의 오지 않는 반응을 기다리는 내 모습에 현타가 왔다. SNS 속 내 삶은 과연 나의 삶일까.

이런 고민을 하는 내게 프랑스의 철학자이자 수필가 몽테뉴(Michel Eyquem de Montaigne, 1533년~1592년)는 『수상록(Les Essais)』에서 다음과 같은 문장을 전한다.

우리가 때때로 자신을 돌아본다면, 타인을 감시하고 외부적인 것을 파악하는 데 할애하는 시간을 차라리 자신을 탐구하는 데 쏟는다면, 우리 인간이 얼마나 연약하고 불완전한 조각들로 이루어졌는지 금세 발견할 수 있다.[61]

사람들은 항상 자기 앞을 보지만 나는 내면으로 시선을 돌려 스스로 평가한다. 생각해 보면 다른 이들의 시선은 늘 자신이 아닌 다른 곳을 향하고 앞으로 가기만 한다.

"아무도 자기 안으로 들어가려 하지 않는다."[62]

---

61. 미셸 에켐 드 몽테뉴, 『몽테뉴의 수상록』, 정영훈 엮음, 안혜린 옮김, 메이트북스, 2019, p. 71.

62. 위의 책, p. 97.

몽테뉴는 부유한 상인 가문에서 태어나 법률을 공부하고 법관을 지내다 고향에 돌아와 집필활동에 전념했다. 그때 탄생한 책이 『수상록』이다. 『수상록』은 몽테뉴의 유일한 저서로 에세이 형태로 쓰인 산문집이다. 내면을 성찰할 수 있는 내용과 인간관계, 사회 문제 등을 다양한 일화와 함께 소개하고 있다. 유머와 역설을 적절히 사용하여 읽기 쉽게 서술하고 있어 어렵지 않게 읽을 수 있다. 가볍게 철학적 사고를 시도해 볼 수 있는 책이라 생각한다.

SNS 없이도 행복해지는 방법

몽테뉴의 문장을 읽으며 문득 SNS 속 타인의 삶이 낯설고 외롭게 느껴졌다. 잔잔한 일상에서 화려한 순간을 찾고자 애썼을 모습, 눈에 띄는 해시태그를 만들고자 고민했을 모습, 편집 기술을 총동원하여 피드를 업로드했을 모습 등 다양한 모습이 떠올랐다. 많은 시간 노력했을 누군가를 생각하니, 마음이 쓰였다. 그리고 불완전한 삶의 조각들을 모아 억지로 꾸며내는 내 삶도 처량하게 느껴졌다. 누군가의 화려한 모습을 닮고 싶어 애쓰지만 나는 타인과 똑같은 삶을 살 수 없다. 개인의 삶의 서사는 그 누구도 흉내 낼 수 없기 때문이다.

오늘도 자투리 시간에 어김없이 SNS를 열어 타인의 삶을 염탐했다. 잡티 하나 없는 피부를 가진 누군가의 사진을 넋 놓고 바라보다 그녀가 권유하는 화장품도 구매했다. 또 다른 타인의 삶도 슬며시 살펴봤다. 조금씩 지루해질 무렵에는 아무도 궁금해하지 않을 내 삶을 곱게 포장했다. 불특정 다수의 관심을 기다리며 낯선 누군가의 반응에 기뻐하는 내 모습이 안쓰럽다. 그럴 때면 타인을 감시하고 외부를 파악하는 데 에너지를 소모하지 말고 내면을 돌보라는 몽테뉴의 문장을 떠올린다.

SNS에 대한 과한 열정을 조금 식히고 싶어, SNS 없는 삶을 살아 보기로 결심했다. 과감하게 SNS 앱을 삭제한 지 2주가 지났다. 그동안 생산한 피드가 아까워 탈퇴하지는 않았다. SNS가 없으니 처음에는 허전하고 불편했지만 좋은 점도 있었다. 타인의 삶과 나의 삶을 비교하지 않으니 한결 마음이 편안했다. 자투리 시간엔 책을 좀 더 보게 되었고 글을 끄적이는 시간도 늘어났다. 그리고 무엇보다도 삶에 대한 전투력이 상승한 기분이 들었다. 뭔가 내 삶에 집중할 시간이 생기니 잘해 보고 싶고 잘할 수 있을 것 같은 마음이 들었다. 오랜만에 느껴 보는 기분 좋은 감정이라, 당분간 SNS 없는 삶을 좀 더 살아 볼 생각이다.

SNS를 볼 때마다 자신이 초라하게 느껴진다면, 그리고 SNS 속 숫자에 의기소침해진다면 과감하게 SNS 없는 시간을 가질 것을 권한다. 주기적인 디톡스로 체내의 독소를 없애듯, SNS 없는 시간은 인생의 해묵은 독소를 없애고 삶의 동력을 선물할 것이다. 자유와 해방은 멀리 있지 않다. 때론 찰나의 고요함이 마음의 평안을 가져온다. 오늘 하루 SNS 알림 없는 고요함 속에서 행복을 찾아보는 건 어떨까.

죽음을 맞이하기 적당한 때

루트비히 비트겐슈타인 『논리-철학 논고』

가깝게 지내던 지인의 어머님이 돌아가셔서 문상을 다녀왔다. 지인 어머님의 나이는 97세셨고 문상객들은 호상(好喪)이라며 지인을 위로했다. 지인의 발갛게 충혈된 눈을 바라보며 '어머니의 죽음을 호상이라 부르는 것이 적절한 위로일까'라는 의문이 들었다. 물론 병으로 오랫동안 고생하다 보면 아프신 분도 그리고 주변의 가족들도 힘들고 지치기 마련이다. 그러니 90여 년을 큰 병치레 없이 건강하게 지내다 돌아가셨다면 누군가는 호상이라 부를 수 있을 것이다. 하지만 내 어머니의 죽음 앞에서 호상이라는 단어는 듣기 거북하다.

문상을 마치고 집으로 돌아오는 길에 호상이라는 단어가 귓가에 맴돌며 복(福)받은 죽음이 있을까 궁금해졌다. 건강이 화두인 요즘, 과연 몇 살까지 사는 것이 알맞은 시기에 죽음을 맞이하는 건지, 만약 죽음에 적당한 시기가 있다면 그 즈음해서 죽었으면 좋겠다는 소망도 생겼다.

죽을 각오로 하루하루 버티며 살아가는 우리에게 죽음은 가장 가까이 숨어 있는 화두이다. 죽음을 빼고는 인간의 삶을 이야기하기 어렵다. 그렇다 보니 죽음은 철학책의 단골 주제다. 다양한 철학자들이 죽음에 대한 자신의 소회를 밝힌다.

니체는 『차라투스트라는 이렇게 말했다(Also sprach Zarathust-ra)』에서 어떤 사람은 너무 일찍 죽고, 어떤 사람은 너무 늦게 죽는다며 시기 적절한 죽음을 언급했다. 그가 이야기한 시기 적절한 죽음이 언제쯤일지 궁금하다. 니체에게 "시기 적절한 때가 언제입니까? 예순입니까, 여든입니까, 대체 언제입니까?"라고 자세하게 물어보고 싶다.

키케로 역시 『노년에 대하여(De Senectute)』에서 시기 적절한 죽음에 대해 이야기했다. 그는 자연에 존재하는 모든 것에 한계점이 있듯이 인간의 삶에도 한계가 있다고 말했다. 그리고 노년은 인생이라는 연극의 마지막 장이니 기진맥진한 상태로 연극의 마지막 장을 맞이하지 말라며 여유 있는 노년을 강조했다.

죽음을 맞이하기 적합한 시기에 대해 고민하던 중, 죽음을 좀 더 객관적으로 응시한 철학자를 만났다. 오스트리아 출신의 철학자 비트겐슈타인(Ludwig Josef Johann Wittgenstein, 1889년 ~1951년)은 『논리-철학 논고(Tractatus Logico-Philosophicus)』에서 죽음에 대해 다음과 같이 말한다.

> 행복한 자의 세계는 불행한 자의 세계와는 다른 세계이다.
> 또한 죽으면서 세계는 바뀌는 것이 아니라 끝이 난다.
> 죽음은 삶의 사건이 아니다. 죽음은 체험되지 않는다.
> 영원이 무한한 시간 지속이 아니라 무(無)시간성으로 이해된다면, 현재에 사는 사람은 영원히 사는 것이다.
> 우리의 삶은 우리의 시야가 한계가 없는 것과 마찬가지로 끝이 없다.[63]

비트겐슈타인은 논리철학자로 알려져 있다. 그는 부유한 가정에서 태어나 유복한 어린 시절을 보냈다. 고등교육을 받고 예술에 관심이 많은 부모님 밑에서, 자연스레 예술과 학문 모두를 접하며 성장했다. 가정환경은 남부러울 것 없이 평안했으나, 그가 살았던 시대적 배경은 1차 세계대전과 2차 세계

---

63. 루트비히 비트겐슈타인, 『논리-철학 논고』, 이영철 옮김, 책세상, 2025, p. 126.

대전으로 인해 어지러웠다. 아무리 좋은 가정에서 태어났을지라도 국가의 사정이 좋지 않다면 굴곡진 인생을 살 수밖에 없다. 비트겐슈타인 역시 자신이 처한 시대를 견뎌 내야만 했다. 그는 전쟁의 참상을 직접 목도하며 큰 충격을 받았다. 자신이 도움 되길 바라는 마음으로 1차 세계대전 때에는 오스트리아-헝가리 제국 육군에 자원 입대하여 전쟁에 직접 참여하기도 했다. 2차 세계대전 중에는 전쟁에서 참혹한 일을 당한 사람들을 돕고자 병원에서 봉사활동을 했다.

『논리-철학 논고』는 그가 생전에 출판한 유일한 저서로, 아포리즘[64] 형태로 구성되어 있다. 7개의 주요 명제들에 순서가 매겨져 있고 각각의 명제에 대한 의견이나 보충설명이 있다. 의견과 보충설명을 포함한 명제들 전체에는 총 525개의 순번이 매겨져 있다.

비트겐슈타인의 『논리-철학 논고』는 읽는 내내 정말 어려웠다. 처음 읽었을 때는 무슨 이야기인지 알 수 없었고 두 번째로 읽으며 문장을 수집했지만, 종종 등장하는 수학기호로 인해 비트겐슈타인이 전하고자 하는 뜻을 헤아리기 어려웠다. 예를 들면 그가 제시하는 일곱 가지 명제 중, 여섯 번째 명제

---

64. 깊은 진리를 간결하게 압축한 언어.

에서는 문과생에겐 무척 낯선 수학기호가 등장한다. 그 여섯 번째 명제를 소개한다.

"진리함수의 일반적 형식은 $[\bar{p}, \bar{\xi}, N(\bar{\xi})]$이다. 이것이 명제의 일반적 형식이다."

비트겐슈타인은 『논리-철학 논고』 머리말에서 "이 책을 읽고 이해하는 어떤 한 사람에게 즐거움을 준다면 나의 목적은 달성될 것이다."라고 말한다. 비트겐슈타인 자신도 책의 내용이 이해하기 어렵다는 것을 인정한 것 같다. 어렵게 독서를 이어 나가며 『논리-철학 논고』를 꿋꿋하게 읽었다. 처음 읽을 때는 글자 그대로만 읽었고, 두 번째는 무슨 의미일까 생각해 보려 노력했으나 쉽지 않았다. 인상 깊은 문장 위주로 세 번째 읽었을 때, 아주 조금 그의 말에 다가갔다. 하지만 아직도 이해하지 못한 내용이 많다. 언제가 다시 『논리-철학 논고』를 펼쳤을 때는 지금보다 조금은 더 이해할 수 있으리라 생각한다. 책은 언제 읽는지, 그리고 내 마음이 어떨 때 읽는지에 따라 느낌이나 이해할 수 있는 부분이 다르기 때문이다.

현재를 영원히 살 수 있도록

비트겐슈타인의 문장 중 가장 먼저 눈에 들어온 건, 죽음을 대하는 그의 자세였다. 그는 현재를 잘 살아가는 것이 행복이라 말한다. 그리고 죽음은 경험할 수 없는 세계이고 삶 속의 사건이 아니니 죽음을 두려워하지 말라고 전한다.

아흔까지 사시다 돌아가신 할머니는 기분 좋은 일이 있을 때면 지금 죽어도 여한이 없다는 말씀을 자주 하셨다. 할머니의 이야기를 들을 때마다 나도 할머니 나이가 되면 그런 생각이 들지 궁금했다. 가족의 죽음을 경험하고 지인들의 장례식장에 다녀올 때마다 죽음에 대해 생각한다. 그리고 나의 죽음을 상상한다. 40대 중반인 나는 아직 하고 싶은 일도 많고 해야 할 일도 많기에 죽음을 맞이하기에 적절한 시기는 아닌 것 같다. 하지만 언제 죽음이 내게 손을 내밀지는 모를 일이다.

장례식에 참석하고 죽음에 대해 이것저것 생각하다 보니 머리가 어지러워 창문을 열고 나무와 하늘을 가만히 쳐다봤다. 여름 냄새가 코끝을 찌르며 푸른 나무와 맑은 하늘, 뜨끈한 공기가 살아 있음을 느끼게 했다. 잠시 머문 이 시간도 되돌릴 수 없다는 생각에 주어진 하루를 의미 있게 살고 싶다는 소망이 싹텄다. 그리고 죽음에 대해 생각하니 새삼 모든 것이 감사하게 느껴졌다. 살아 숨 쉴 수 있음이 감사하고, 파란 하

늘을 볼 수 있음이 감사하고, 새소리, 물소리 같은 자연의 소
리를 들을 수 있어 감사했다. 그동안 당연하게 여겼던 모든 것
들이 감사했다. 감사의 마음으로 하루하루 괜찮게 살다 보면
죽어도 여한이 없다는 생각이 들 수 있지 않을까.

마음속 구멍이 커져 울고 싶은 날에는

쇠렌 키르케고르 『불안의 개념』

누가 건드리기만 해도 금세 눈물이 터질 것 같은 날이다. 며칠 전부터 생긴 마음속 구멍이 점점 커져 어떤 노력을 기울여도 채워지지 않는다. 엉망으로 꼬여 버린 삶과 마주하니 눈물이 멈추지 않는다. 마음속 구멍을 채우고자 노력하지만, 허약해진 마음은 쉽게 제자리를 찾지 못한다. 불길한 기운이 온통 내 주위를 감싸고 있다는 생각에 내일이 오는 것조차 두렵다. 이런 날엔 좋지 않은 나의 기운이 누군가에게 전염될까 두려워 되도록 사람을 만나지 않는다. 그리고 전화도 하지 않는다. 불편한 감정이 목소리를 통해 전달되는 것조차 원하지 않기 때문이다. 이런 몹쓸 감정이 짙어질 때는 혼자만의 시간을 갖는다.

최근에는 이곳저곳 걸어 다니며 혼자만의 시간을 즐긴다. 머리가 산만하고 주변도 어지럽고 모든 것이 불안할 땐 걷는다. 그냥 계속 걷는다. 집 주변을 걷거나 집 근처 낮은 산을 오르며 걷는다. 낮은 산이지만 정상에 올라 벤치에 털썩 주저앉으면 등줄기의 땀이 나를 위로한다. 숨을 허덕거리고 빠르게 뛰는 심장박동을 느낄 때마다 살아 있음에 감사하다. 그 감사함으로 불안을 달랜다. 많은 날을 불안과 함께하는 나는 오늘도 불안을 달래고자 애쓰며 살고 있다.

인간이 느끼는 불안, 두려움, 절망과 같은 부정적 감정의 원인을 찾고 해결책을 제시하고자 노력한 철학자가 있다. 불안과 절망의 철학자로 알려진 키르케고르(Søren Aabye Kierkegaard, 1813년~1855년)다. 그는 절망을 '죽음에 이르는 병'이라 부르며, 인간이 느끼는 불안과 절망에 대해 설명했다. 마음에 생긴 공허함, 이유를 알 수 없는 불안함, 그리고 세상이 무너져 내릴 것 같은 절망스러운 감정을 키르케고르는 비교적 상세하게 서술했다. 그가 전한 불안과 절망에 대한 이야기 중, 공감 가는 문장을 소개한다.

가장 하찮은 일에 관계된 것일지라도, 인간이 몰래 무엇인가로부터 달아나려 하거나, 요행으로 무엇인가를 손에 넣으려고 하면, 그 즉시 불안은 가까이에 와 있다. 불안은 눈 깜짝할 사이에 무한성의 카드, 가능성이라는 범주의 카드를 내놓는다. 그리하여 인간은 이것을 막지 못한다.[65]

인간은 몸에 병을 지닌 채 어슬렁거리고 있다고 의사가 말하듯이, 인간은 하나의 병, 즉 정신의 병[66]을 갖고 있다. 그런데 이 병이 때때로 어떤 순간에 번갯불처럼, 자기 자신도 모르는 불안으로 말미암아, 또 그런 불안을 동반하고서, 그 병이 내부에 있음을 알게 해 준다.[67]

키르케고르의 아버지는 아들이 목사가 되길 염원했다. 그러다 보니 키르케고르는 어린 시절부터 자연스레 종교를 가까이했고, 그의 삶에서 종교는 큰 비중을 차지한다. 불안의 개념을 정의할 때도 아담이 죄를 짓게 된 배경을 근거로 제시할 만큼 키르케고르의 삶에서 종교는 큰 역할을 했다.

---

65. 키에르케고르, 『불안의 개념 / 죽음에 이르는 병』, 강성위 옮김, 동서문화사, 2007, p. 178.
66. 본문에서 이 병은 절망을 의미한다.
67. 위의 책, p. 201.

키르케고르는 자신의 본래적 모습을 파악하는 것에 관심이 많았다. 그는 삶과 진리를 객관적으로 탐구하는 근대 철학을 별로 좋아하지 않았다. 그는 객관적 지식에 근거한 철학은 인간의 주체성을 퇴보시킨다고 보고, 자신의 문제는 스스로 해결해야 한다고 생각했다. 인간의 삶을 일반화하여 규정하기보다 '내가 처한 상황에서 무엇을 하며 어떻게 살아야 하는가?'를 고민해 보는 것이 더욱 가치 있다고 여겼다.

그는 삶에 대해 고민하고 성찰하는 과정을 중요하게 생각했다. 그리고 그 과정에서 인간은 필연적으로 절망과 좌절을 경험할 수밖에 없다고도 설명했다. 그의 이야기를 가만히 듣고 있으면 고개를 끄덕이게 된다. 내 삶의 문제는 내가 해결해야 하는 것이 맞고, 그 과정에서 우리는 절망과 좌절을 피할 수 없기 때문이다.

하지만 그의 철학은 안타깝게도 그가 살아 있는 동안에는 사람들에게 인정받지 못했다. 그의 사상은 20세기 이후 실존주의[68]가 주목받으며 사람들의 관심을 받기 시작했다.

---

68. 개인으로서의 인간의 자유와 책임, 주체성을 강조하는 철학 사조. 인간은 자유로운 선택을 통해 자기 자신과 자신의 미래를 주체적으로 만들어 가는 존재라고 보았다.

불편한 감정이 나를 찾을 때

키르케고르의 문장을 수집하며 '희망고문'이라는 말이 생각났다. 사람들은 노력으로 얻을 수 없거나 불가능해 보이는 일은 큰 고민 없이 쉽게 포기한다. 하지만 가능성이 조금이라도 보일 때면 어김없이 희망을 싹틔운다. 무럭무럭 자란 희망은 힘겨운 일상을 버티게 하는 힘이 되기도 하고, 어쩔 수 없이 감당해야 하는 고문이 될 때도 있다. 희망 때문에 하기 싫어도 할 수밖에 없는 난감한 상황이 존재하기에 희망은 때론 고문이 된다.

살다 보면 고문처럼 여겨지던 희망마저 조용히 사라질 때가 있다. 흔적 없이 사라진 희망이 불안을 초대하고 인간을 절망의 늪에 빠뜨려 삶을 피폐하게 만든다. 키르케고르의 말처럼 절망은 갑자기 찾아오지 않는다. 삶에서 엿보이는 희망이 불안이 되고, 그 불안이 절망으로 번져 간다. 삶은 희망과 불안 그리고 절망의 연속이다.

누구에게나 세상이 무너질 것처럼 힘겨울 때가 있다. 그때 마주하는 불편한 감정 3종 세트가 불안, 두려움, 절망이다. 하지만 이런 불편한 감정은 내가 이상한 사람이라서 느끼는 감정이 아니다. 키르케고르의 말처럼 세상을 살아가는 사람이

248

라면 누구나 느끼는 보편적 감정일 뿐이다. 그러니 불편한 감정 3종 세트가 내 삶에 찾아왔다고 원망하거나 자책할 필요는 전혀 없다. 차라리 정면으로 마주하고 이 또한 내가 겪어 내야 하는 삶의 과정이라고 생각하는 것이 현명하다.

불안과 친구인 나는 오늘도 불편한 감정 3종 세트와 마주했다. 하지만 이 또한 내가 살아가며 겪어야 하는 필연적 과정이라 생각하니 마음속 구멍이 채워지는 기분이다. 모든 것은 지나가기 마련이다. 불편한 감정 3종 세트와 마주했으니, 이제 희망을 만날 때다. 불안, 두려움, 절망과는 한동안 작별하고, 기꺼운 마음으로 희망의 매력을 온전히 느껴 볼 생각이다. 희망의 시간을 마음껏 즐겨야 불안, 두려움, 절망이 찾아와도 꿋꿋이 견딜 수 있을 테니까.

사소함이 건네는 위로

한용운 『조선불교유신론』

일곱 살 때였던 것 같다. 누군가 내 손을 보며 "손톱 주변에 거스러미가 많은 걸 보니, 너 엄마 말 안 듣는구나."라고 말했다. 엄마 말을 듣지 않는 내 모습을 들킨 것 같아 뜨끔했고 졸지에 나쁜 어린이가 된 것 같아 속상했다. 그 말을 들은 후부터 손톱 주변에 거스러미가 생기면 온 신경을 집중하여 거스러미 제거에 몰두했다. 잘 알지 못하는 타인의 부정적 평가가 신경 쓰여 거스러미의 흔적을 빨리 없애고자 노력했다. 그 때부터 어른이 된 지금까지도 손톱 주변에 거스러미가 생기면 발견 즉시 제거에 힘쓴다.

여느 날처럼 거스러미를 발견했고 조용히 뜯기 시작했다. 그런데 힘 조절을 잘못했는지 검지손가락 주변에서 피가 났다. 한번 시작된 피는 그칠 줄 모르고 계속 나더니 급기야 검지손가락 주변이 쓰라리고 아프기까지 했다. 피가 멎으면 괜찮아질 줄 알았는데 손가락 주변이 부어올라 약국에 가서 연고와 염증약을 받았다.

오른손 검지손가락은 생각보다 많은 일을 하고 있었다. 키보드를 제대로 치기도 어렵고 세수할 때도 설거지를 할 때도 밴드를 감은 검지손가락이 여간 신경 쓰이는 게 아니었다. 평소 사소하게 생각했던 신체 부위였는데, 막상 아파 보니 사소한 것이 사소한 것이 아니었음을 깨달았다. "무릎이 아파 보니 무릎이 어디 있는지 알 것 같다."는 어른들의 말이 이해됐다. 지금까지 자기 자리에서 꿋꿋하게 나를 위해 충실히 버텨 준 검지손가락이 고마웠다.

살다 보면 사소한 작은 것들이 모여 일상을 이어 나가는 큰 힘을 발휘할 때가 있다. 작은 것들의 위대함을 강조하며 그들의 소중함을 전한 철학자가 있다. 한용운(韓龍雲, 1879년~1944년)은 『조선불교유신론(朝鮮佛敎維新論)』에서 다음과 같은 문장을 전한다.

하루아침에 작은 것들이 모여서 뭉치면 그 힘이 불가사의

하게 늘어나서 쉽게 녹이고 끌 수 있다. 한 점의 불이나 한 가닥 털은 물질로서 무정하고 지극히 미미하지만 단합의 힘이 이와 같이 놀랍다. 하물며 더없이 아름다운 몸과 뛰어난 지혜를 가진 사람의 단결한 힘이야말로 무엇을 한들 이루지 못하며, 무엇을 깨려 해도 깨지 못하겠는가?

무수히 많은 개체가 모여 한 사람을 이루는 것이니, 귀, 눈, 입, 코, 손, 발, 마음, 힘 등이 모두 작은 개체다. 이러한 개체가 뭉치지 않으면 한 가지 일도 이룰 수 없고, 사람이 때로는 마비되어 움직이기 힘들 것이다.[69]

한용운은 스님이자 독립운동가, 그리고 시인으로 우리에게 익숙하다. 하지만 그의 큰 업적 중 하나는 개화사상가, 즉 개화기 때 자신의 철학을 정립한 철학자라는 것이다. 그는 근대화 시기 새로운 서양의 이념을 『조선불교유신론』이라는 책을 통해 우리식으로 전달하고자 노력했다. 『조선불교유신론』은 대중에게 많이 알려진 책은 아니다. 나도 이런 책이 있다는 사실을 대학원 공부를 하며 처음 알았다.

---

69. 한용운, 『조선 불교 유신론』, 조명제 옮김, 지식을만드는지식, 2014, p. 122~123.

한용운은 『조선불교유신론』에서 불교계의 개혁과 우리나라의 근대화에 대한 자신의 생각을 논리적으로 서술했다. 또한 칸트와 데카르트의 철학을 소개했고 불교 경전에서 서양 철학자의 주장과 비슷한 내용을 제시하며 두 사상을 비교하기도 했다. 비교철학을 제시한 모습과 변화될 앞날을 예견한 그의 견해는 놀라웠다.

만약 한용운의 생각이 수용될 수 있는 환경이었다면, 우리의 역사도 조금은 다른 지점을 맞이하지 않았을까 하는 생각도 들었다. 『조선불교유신론』은 다른 철학책에 비해 분량이 많지 않다. 그리고 생각보다 어렵지 않으며 잘 읽히는 편이다. 우리나라의 가장 암울한 시기에 훌륭한 철학자가 계셨음에 책을 읽는 내내 가슴이 벅찼다.

사소함이 감사함이라는 진리

동네에는 나만의 아지트가 몇 군데 있다. 속이 답답할 때 혼자 가서 음악도 듣고, 지나가는 사람들을 멍하니 쳐다보며 시간을 보내는 나만의 공간이 있다. 저녁을 먹고 동네를 산책하다 그중 한 곳이 없어진 걸 알게 됐다. 걸어서 가기 딱 좋은 거리였고, 카페 사장님이 구운 쿠키가 맛있어서 종종 갔었는데 말끔히 정리된 모습을 보니 속상했다. 직접적으로 친밀한 관계는 아니었지만, 혹시 사장님께 무슨 일이 생긴 건 아닌지 걱정도 됐다. 지칠 때 가끔 가서 위로받던 공간이 사라지니 마음이 허전했다. 없어진 카페 앞에서 한참을 아쉬워하다 발길을 돌렸다. 그러다 문득 내 소소한 일상을 위해 곁에서 묵묵히 도와주시는 많은 분들이 생각났다.

단조로운 일상이 지겹다고 툴툴대다가도 예상치 못한 지점에서 삶이 힘겨워질 땐, 사소함이 감사함이라는 진리를 깨닫는다. 지나치게 사소해서 기억조차 안 나는 작은 일들이 우리의 삶을 버티게 한다. 신체에 붙어 있는 작은 기관도 그렇고, 곁에 있는 이웃도 마찬가지다. 너무 사소해서 고맙다는 생각을 잊고 살지만 그들의 존재감은 알게 모르게 내 삶에 깊숙하게 들어와 있다.

스치듯 지나치는 사소한 것들이 모두 소중하게 느껴지는 날이다. 창문 틈으로 들어온 시원한 바람이 나를 위로하고 일상에 스며든 작은 소리도 나를 위로한다. 그리고 그 속에서 숨쉬고 있는 지금이 소중하게 느껴진다. 주변을 둘러보니 고마운 분도 넘쳐 난다. 집 앞 상가의 세탁소 아주머니가 매일 그 자리에 계셔 주셔서 고맙고, 출근길에 들르는 카페 사장님이 이른 아침부터 가게 문을 열어 주셔서 감사하다. 늘 같은 자리

에서 묵묵하게 계셔 주시는 그분들 덕분에 내 삶이 위로받는
다. 부디 모두 평안히 오랫동안 내 곁에 머물러 주셨으면 좋
겠다. 그리고 나도 누군가의 평안한 일상을 위해 내 자리에
서 묵묵히 살아갈 것이다. 사소함이 감사함이라는 진리를 생
각하며.

나를 사랑하기 힘든 날,
철학책을 읽다

초판 1쇄 인쇄 2025년 12월 18일
초판 1쇄 발행 2026년 1월 5일

지은이 이금주
발행인 권윤삼
발행처 (주)연암사

등록번호 제2002 - 000484호
주 소 서울시 마포구 월드컵로 165 - 4
전 화 02 - 3142 - 7594
팩 스 02 - 3142 - 9784

ISBN 979-11-5558-130-8 03100

연암사의 책은 독자가 만듭니다. 독자 여러분들의 소중한 의견을 기다립니다.
인스타그램 @yeonamsa
이메일 yeonamsa@gmail.com